豐盛之流

ASHA 著

連結宇宙意識
開啟豐饒之門

目次

〈前言〉聆聽與閱讀，給你最深的祝福

《豐盛之流》原是六堂直播課，因為所有綱要、細節非常多，流之大，完全超乎想像，是非常飽滿、非常豐盛的高靈訊息。課程結束後也收到高靈的建議，於是就成為了這本《豐盛之流》。

高靈說，在這幾年，聲音是最好傳遞能量的方式。因為聲音在宇宙的計畫裡，對應到我們的喉輪、我們的表達。喉輪對應到「表達」，也有連線到「靈魂天賦」，所以這時候，整個宇宙次序，其實歸位對焦在我們的喉輪。

當成為書時，我們錄製了一個「說給你聽」的序，並選擇其中數個靜心錄成影音檔，附上QRcode，你可以一邊讀文字、一邊有影音檔的陪伴。你會感受到，源源不絕「豐盛之流」對各位的祝福；同時也可以感受到，在這個能量的支持之下，我們閉鎖的、停滯的意識，都會被一一敲開。

接下來，我的高靈——CD高靈——要為各位傳遞一段關於豐盛、關於這本書最深的祝福：

我是CD高靈，是從小陪伴著Asha一起長大的守護者。在這本書當中，我也出現數次為大家傳遞訊息。

這是眾高靈存有集結而成的一本書，想要引領大家在物質上和靈性上，都有一個平衡的開始。平衡，就可以幫助我們身心靈健康。平衡，就可以鬆開我們困頓的物質狀態。

這本書也來了許多地球上的存在，有非常強大的力量。如雪松，是這本書很重要的能量資源。雪松，它頂天立地，它的能量源源不絕。它有一種高維度的意識體，接近合一。

在地球整個蛻變的轉捩點當中，我們也連結起在地球上不同宗教的神，各個神聖的力量，所謂的能量點，還有大自然的力量，包含地心存在的那一股火的力量，讓人有行動力。遠方還有宇宙豐盛之流的支持與陪伴，推動著我們創造與顯化最多的可能性。

二〇二五秋天以後，就像打地基一樣，藉著豐盛和豐饒意識，讓我們全身洗禮性地意識提升。到了二〇二六年，就是我們的顯化之年，這本書就可以陪伴著大家，好好地重新用不同的方式，去認識顯化的力量。

如何去善用這本書呢？這麼龐大、密集的訊息，你要怎麼消化到身心靈，而不是看過了反而更慌張？面對這麼龐大的訊息場，我會不會迷路呢？所以，我CD高靈，接下來想要分享三個方式：

一、看不懂的，先放著，只要順著能量流，去讀到即使是一句、兩句，可以打動你的、可以提醒你的、可以啟發你的就好，不要被龐大的訊息框住了自己。

你要相信，在浩瀚的宇宙裡，生命可以共振到自己所需要的；我們內在有足夠的智慧，去吸取、擷取我們當下需要的。千萬不要陷入物質界的這種情況：在資訊知識爆炸的同時，反而感覺更匱乏了。眾神、宇宙的力量，不是為了讓你感到迷路而慌張，而是讓我們從裡面學習去無存菁，不執著，不貪求，不囫圇吞棗。打開心，相信你的神性，豐盛之流會引領你，看到你所需要的。

二、在每一個靜心的練習過程裡，即使你的意念飄走，即使你感覺靜不下來，或偶爾你感覺時好時壞，請再給自己一點時間。

給自己時間是很重要的，給你跟頻率之間更多的空間跟可能性，也就是不苛責自己、不比較。當你學會不比較的時候，你就會給自己更多的正向空間；在物質創造裡，你就會更有靈感，不再成為一個壓力鍋，在集體意識裡去盲從抓取，不會像無頭蒼蠅。透過靜心，我們可以有空間，可以思緒放緩，可以不焦慮自己是不是到位。這就是你在生命裡、在生活日常裡可以體現的。

三、當你做到第一、第二點的時候，你就會知道「當下」。

其實活在當下的時候，就如同你將你的身心靈整合在一起，而走向合一的道路，也就是回家的道路。當我們願意讓自己時刻地在當下，就不會因人格模式、原生家庭帶給我們的記憶而思緒恐慌，或活在社會動盪不安帶給我們的恐懼當中。當我們靜下來在當下，你就是幫助自己的靈、心、身整合在一起，你就會有靈感，而靈魂就是讓你圓滿很重要的一個駕駛員。怎麼讓你成為一個跟駕駛員並駕齊驅的生命呢？這就是這本書想要帶給大家的。當你看到最後一個章節，你會知道，你好好的，被宇宙接住了。

謝謝各位，願意聆聽與看這本書，也希望《豐盛之流》可以陪伴著大家長長久久的。在此，我CD高靈還有眾神們，祝福各位喜樂、健康，豐盛、豐饒，創造生命的奇蹟。

我們將與來自世界各地、不同時區的朋友們，以及高靈、守護神和精神導師們，共同創造一個神聖的能量空間。在這個空間中，我們可以安心敞開心扉，暫時放下內心的障礙，讓自己進入這個流當中。

在靜心之後，高靈會傳遞訊息，這些訊息將圍繞「豐盛」的主題展開。

課前靜心

請每個人放下手邊的事情，讓自己置身於一個安靜的空間，靜下心來，暫時放下所有忙碌與擔憂，在這片流動中好好照顧自己。

同時，當你們靜下來時，也能幫助我穩定地進行傳訊。

我們將共同創造這個豐盛的能量流，召喚和喚醒那些未曾遇見的力量，無論它們存在於我們的潛意識、靈魂記憶，或未來的時空中，我們都可以在這股溫柔而有力的能量中，瞥見生命如曙光般地美好。

現在，請閉上眼睛，在這片寧靜中召喚豐盛的能量，讓它充滿我們的空間，滋養我們的身心。

① 對焦：召喚豐盛的能量流

讓氣場正向

我代表一股守護與支持的能量中心，特別是：在身心蛻變時能夠提供力量的臍輪能量。

⊙保護氣場

面對當前動盪的地球環境，我們在每一次蛻變的過程中，都需要身心靈同步蛻變，連結宇宙源頭，同時也要適應這一過程中產生的新能量與舊習慣的衝突。這種能量頻率的變化，會讓我們的身體感到疲憊，甚至出現能量流失的情況。因此，保護自己的氣場、穩定能量流動，是蛻變過程中的重要課題。

我來這裡的目的之一，就是教會大家如何保護自己的氣場。在追求身心靈蛻變與合一的過程中，雖然我們常被鼓勵要敞開自己，但當我們無法分辨哪些力量真正適合自己時，就會像在驚濤駭浪中航行的小船，難以找到穩定感與重心。

你可能會說，真正的身心靈學習就是要讓自己越變越好。於是問題來了：我如何辨別當前所追求的能量是適合自己的？是正確的？是好的還是壞的？甚至是令人恐懼的？如果我僅告訴你「你的心會知道」，這聽起來可能過於籠統。事實上，許多人正是為了尋找心的答案，才開始進入身心靈的學習旅程。

那麼，什麼是「好」的能量？什麼是適合自己的能量？什麼又叫做「變好」呢？

當你是自己生命的主宰時，你不會被外靈入侵、不會被外界影響，也不會陷入情緒崩潰；相反地，你會更清楚地運用靈性的力量來面對現實生活，那種力量來自你內在的篤定與穩定。我們不僅要告訴你，這份篤定來自「走在靈魂正確的道路上」，更希望透過靜心，讓你親自感受這一切是如何發生的。

．保護氣場會帶來人緣與好運

當你的氣場完整而穩定，你不會處於匱乏狀態，自然能吸引積極的能量與正向的人際關係。若氣場出現破洞，就容易感受到疲憊與無力。但當我們學會自癒並保護氣場，將其維持在穩定狀態，就能從容應對生活的挑戰。

．保護氣場能讓你找回內在的力量中心

當你的氣場受到保護，生命的力量便會從你內在源源不絕地湧出，讓你面對任何挑戰時，都能回到當下。

靈魂不會為難你，上帝或菩薩也不會為難你。真正的挑戰在於，如何找到讓自己變得更好的方法。當氣場穩定，你不會像隨時可能洩氣的皮球，而是擁有持續充滿的能量源。

・直覺力與敏感度在氣場穩定後自然會開啟

這股內在的力量，來自你與源頭的深刻連結，讓你不會走回頭路或選擇不適合的道路。這就是順流的狀態。當你認識自己、連結精神團隊、與靈魂頻率同頻時，就能共創一個靈魂蛻變的神聖空間。這一切源於我們的心念，因為我們的內心是創造的起點。

平衡的狀態是因人而異的。每個人的生命經驗不同，所創造的學習軌跡也有所不同。當你知道自己受到保護，並與力量中心和精神團隊保持連結時，你便能輕易逢凶化吉，從容創造，並在這股能量的推動下不斷向前。

然而，如果你的心是閉鎖的，感到匱乏、不被保護、不被愛，並充滿恐懼、憤怒和不安，即使豐盛之流來臨，也無法推動你前進。這就像跳傘時，傘具若有破洞，就無法隨風飛舞。因此，我們首要目標是幫助大家學習如何保護自己。我鼓勵大家，每天花五分鐘練習，為自己的能量場建立保護。

靜心：保護與修補氣場

・請求指導靈的護持

這個靜心練習幫助你感受你的臍輪——也就是你腹部的力量中心——在整個氣場中的存

在感。祂們用最深沉、最純粹的宇宙之愛，深深地祝福你們。

1. 請將左手輕輕放在肚臍上。不論外界是否有聲音干擾，讓自己在這珍貴的時刻裡，心與靈相遇。

2. 放慢呼吸，左手掌心輕撫腹部，感受溫暖的觸覺。慢慢地深吸氣，將氣息引入腹部。進行六次深吸氣與深吐氣，感受氣息與能量的流動。

3. 共同召喚屬於你們的精神團隊。每個人身後都有強大的力量在守護，但這份力量需要你主動去請求與連結。在心中默念：

「我邀請我自己（說出你的名字以及出生年月日），請我的精神團隊進入這個空間，保護我，照顧我，賦予我生命更多力量、智慧、愛與豐盛。我誠摯地歡迎我的精神團隊與我同在，清理我、教導我、支持我，並指引我。」

在地球生命的旅程中，我們正經歷一個充滿轉變與昇華的重要階段。在這後新時代的進程中，有多少人能真正感受到更高力量推動我們顯化？許多人因生活的重複而忘記了被宇宙推動的感覺。現在，請求你們的精神團隊在這個神聖的空間中，護持、保護並安定你，讓你重新與這股力量連結。當我們的氣場穩定且被保護時，良好的人緣與正向能量，將改變許多生命中原本的挫折與艱難。

生命真的是一成不變的嗎？當你準備好迎接地球更高頻率的轉變時，你會發現，即使外在看似混亂動盪，令人不安，但在宇宙的宏觀視野裡，你正參與一條充滿奇蹟的生命軌跡。你們正在學習、經歷、創造，並將心靈願景顯化為現實。

然而，我們需要被指引，因為當我們從舊有的狀態進入更高頻率時，在尚未全面認識自己的過程中，往往會面對許多內在的陰暗面與影子。此時，如果靈光乍現，而我們的精神團隊導師們願意主動支持我們，並傳遞信號與訊息，那麼，我們的生命將因此而改變。

．啟動氣場保護

4. 當你將左手輕放於肚臍上時，請將意念專注於第三眼，也就是眉心輪。自然地呼吸，單純地感受這股連結。

我希望你能感受到一種氣場飽滿、被保護的感覺，彷彿回到了母親的子宮中那樣的安全與溫暖。這是精神團隊導師們最重要的支持：幫助地球上的孩子們建立內在穩定與安全感，使其一生都具備創造這份能量的能力。

當你召喚精神團隊時，將左手放在肚子上，意念專注於眉心輪，這就是啟動氣場保護的一個關鍵步驟。這意味著，你向你的精神導師傳遞了一個訊號：你願意讓祂們積極參與並保護你。

有些朋友的氣場中存在不完整的部分，就像出現裂痕或破損一樣。這些狀態需要你主動修補，才能讓氣場更持久穩定，減少疲憊感。身體的疲累、專注力不足或精神低落，往往都與氣場的完整性息息相關。

當你將左手放在肚子上（我強調使用左手，因為左手掌心是靈魂能量的重要連結點），也就是你的靈魂允許你將掌心放在肚臍上，並集中注意力於第三眼時，這表示你願意接受靈魂的力量。這股力量將充盈你的能量場，開啟直覺力，並從宇宙中吸收支持生命創造、顯化與行動力的素材與能量。這是一種內在的臣服與允諾，是向宇宙表達：我願意敞開，接受支持，並擁抱我的力量。

・接應來自指導靈的支持

當我們感到疲憊或情緒崩潰時，氣場往往會被削弱。有些朋友可能覺得近期運氣不佳，但這並非完全與流年相關。即便流年不利，但我們正處於進入更高頻率地球的階段，我們擁有創造力，因此，只需將這股創造力轉化為幫助自己的方法，而非盲目聽從於命運的安排。

5. 請將意念聚焦於頭頂上方約一點五公尺的地方，那裡是另一個重要的脈輪。這個脈輪能接應來自精神導師、精神團隊以及高靈指導靈的支持。將注意力放在這個位置，並將其想像成一個發射器，沐浴在金色的能量中。

·智慧地修復氣場

6. 宇宙中蘊含著豐盛的能量，讓我們想像這股金色能量如細雨般灑落，環繞全身。從頭頂開始，金色能量緩緩流動，有智慧地修復氣場中那些較為薄弱或耗損的部位。

只要這股金色能量存在於氣場中，如果你足夠敏感，應該能感受到自己氣場的寬廣度與穩定性。若你的氣場感覺較為狹窄，那可能意味著需要更多連結與學習。

金色能量像一股瀑布，逐漸灌注並環繞著你的氣場，將那些印記深刻、有傷口、耗弱或緊縮的部分一一舒緩與釋放。

特別是女性與敏感體質的朋友，腰椎與骨盆的氣場通常比上三輪更容易耗弱。這些部位與扎根練習息息相關，而學會讓靈魂安住於身體中，並實現顯化，正是這些朋友在此生的重要學習課題。因此，當金色能量流動至尾椎骨時，可以讓它停留久一些，進一步修復並強化。

此外，肚臍下方的位置（對女性而言是子宮，對男性而言則稍微偏下），這也是容易累積印記的部位。這些印記可能讓人感覺一生忙碌卻不得其所，缺乏滿足感與平衡。在這裡，也讓金色能量的瀑布停留片刻，幫助舒緩、療癒、釋放壓力與負擔。

⊙ 聚焦於力量中心

接著，進入連結大地力量的重要環節。

氣場修復後，我們需要聚焦於力量中心，這對實現顯化至關重要。力量中心位於腹部，當它穩定且扎實時，你的行動力便不再只是空想，而是能夠真正落實於生活中。

與地心連結的練習

1. 將左手放在臍輪處，感受自己的骨盆穩穩地坐落於地球表面，並想像一條紅色的能量線從會陰，也就是海底輪，延伸至地球的地心。

地心蘊含著充沛的火紅能量，那是一切生命的原動力。將這股能量吸引至身體中，幫助你穩定與扎根。

要記住，若骨盆與腹部的力量不足，許多努力都可能反覆受挫，甚至陷入輪迴般的循環。因此，改變這種狀況的關鍵，就是強化力量中心，讓自己穩定並充滿創造力。

大地說：「著地吧，著地吧。將你的骨盆安穩而輕盈地，如同孩子般信任地坐在地球上。不要逃避，不要飄忽，不要分心。穩穩地坐在那裡，像你生命中的國王與皇后一樣，掌控自己的王國。」

靜心：穩定與平衡氣場

在地球上，你擁有一股強大的力量，這股力量能保護你，使你免於匱乏、免於傷害、免於受外界的混亂與恐懼所影響。

2.穩定下來，讓自己的臍輪形成一條能量管，穿過會陰，延伸至地球的地心。這個連結是一條捷徑。未來，即使沒有時間靜坐與地心連結，只需記得這條連結已被開啟。在行走或工作的時候，一個意念便能喚起這種連結——你知道自己的臍輪已與地心相連。這意味著，你與地球的頻率是一致的，你是被支持的，你是顯化者，你是自己生命的主宰。如此，你便能找到內心的穩定與平靜。

靈魂與內心連結

接下來我們將建立一個連結：心輪、靈魂與精神團隊，形成如金字塔般的三角形結構。這條捷徑是每個靈魂與守護者間本有的協同合作。

你們的成長與蛻變，將不僅影響自身，也會為地球與萬物帶來喜悅與改變，這正是靈魂成長的意義所在。當你離開這個地球的故事時，你將擁有更大的自由意志，去選擇下一個生命旅程。

1. 請將左手放在心輪上。堅定你的心，保持靈魂與內心的連結。

當你擁有這樣的穩固力量，一切挑戰都會如翻閱書頁般迅速經歷，並引領你完成蛻變。學會幫助自己，擁有自我療癒的能力，這正是你生命中的色彩。

2. 將左手放在心輪，設下一個意圖：

「我願我的靈魂在所有身心靈的蛻變中，能第一時間給予我生命所需的經驗與改變。」

我這麼說，是因為當我與你們的靈魂連結時，我感受到，約八成的朋友渴望快速蛻變。因此，讓我們為自己設定這樣的意圖。在這神聖的臨在中，它能賦予你無畏的力量、堅韌的心靈，以及對他人和自身的理解力。

這樣生命就有所不同了——你擁有了解決困難的重要元素：無畏、堅強與善解人意。

「我願我的靈魂成為我生命的掌舵者，時刻給予我最重要的提醒。」

高靈們建議各位花些時間感受自己心靈之間的深層連結，相信你們完全可以做到。

3. 將右手輕放在肚子上，左手輕放在心輪胸口，感受內在的穩定與平靜。

4. 再次將意念集中在頭頂上方約一點五公尺處，感受那金色瀑布的能量，讓這金色的力量輕柔地沖刷、療癒，並重新平衡你們的氣場。

5. 接著，請將雙手合十，心中默念「感恩」。深深地感謝大地，感謝支持你們的精神團隊，感謝宇宙豐盛的能量；更重要的是，感謝你們自己的身體，在此刻依然健康，成為你們的依靠與支柱。

清理匱乏的印記

我是 AFA 高靈。今天是充滿祝福的一天。或許你們無法用肉眼看見，但此刻，無數的祝福正如潮水般湧現，圍繞著每一位致力於靈性成長的人。為什麼呢？

⊙ 能量釋放

當一個國家經歷與大地相關的震動，如地震，這其實是一種能量的大釋放，也是集體意識提升的一部分。但在你們看不見的層面，還發生了兩件重要的事情：

一、當一個國家經歷巨變或動盪，人類集體意識中的恐懼，可能會吸引來更多迷失的靈魂。這些靈魂原本不會與人類互相干擾，卻可能因頻率的改變，而與你們的世界產生交集。這種情況類似於農曆七月的概念，雖不完全相同，但可以將其想像為一個頻率被觸發的開關。

二、同時，在宇宙的更大層面上，許多充滿善意的高靈與存有，認識到地球正邁向提升，於是積極地執行能量的調和與釋放。他們為地球注入支持的力量，幫助人類走向更高的頻率。因此，我們所看到的不幸，其實也蘊含著祝福與成長的契機。

扎根於內在

當人類的恐懼、不安和焦慮開啟了一個低頻通道，你有兩種選擇：

一、你可以選擇留在恐懼與匱乏之中，讓自己過度警惕，甚至被各種負面能量影響。

二、或者，你可以換個角度，以積極的方式看待這一切，將其視為成長與突破的契機。

改變不是僅靠口號或盲目行動，而是需要真正扎根於內在。正如我們剛才所練習的，從底盤、肚子到心輪，再與上方的宇宙連結，讓這些能量彼此協調。當你們持續練習並細心呵護這些連結，面對外在挑戰時，就能藉助這股力量突破恐懼，甚至超越生命的輪迴，迎來全新的可能性與自由。

恐懼並非解答，恐懼只會帶來更多牽累。當我們選擇讓自身成長，便能祝福並引導迷失的靈魂回到屬於他們的空間。

直面恐懼

迷失的靈魂可能對人們帶來的影響，包括恐懼的蔓延、精神的不安，甚至無預警的身體不適等問題。然而，我們不需要排斥或消滅他們，而是應該選擇讓這個世界更加平衡。這取決於我們如何善用自己的力量。

當我們將內在的力量轉化為燦爛的光芒，它不僅能淨化世界，還能支持我們自己、家人、朋友，甚至是寵物。面對這場重要的蛻變與轉變，讓我們學習如何理解並適應這些深刻的改變。

有些人能在這樣的過程中顯化出美好的結果，而另一些人則可能陷入重複的輪迴。為什麼會如此？關鍵在於我們是否願意藉助這股能量的支持，勇敢地直面恐懼。這些恐懼有時源於集體意識中的慌亂，伴隨著匱乏與混亂。然而，我們可以選擇在恐懼之中找到自持的力量，穩定自己的內心，從而在這場變化中開創嶄新的可能。

清理匱乏感和對成就的執著

在尋找力量的過程中，許多亞洲朋友可能尚未察覺內心深處隱藏的恐懼。這些恐懼往往根植於我們的文化，甚至來自神佛創造的權威感與敬畏感。而這些恐懼與限制，正是我們在生命中創造豐盛之流、顯化自己生命的重要課題。我們需要重新檢視那些來自原生家庭、舊時代，甚至與鬼神或神佛相關的權威性與框架化的思考模式。

這些能量在大家的氣場中，某些部分特別明顯。這也啟發我們，可以進行一個與大地能量相關的簡單靜心，來清理內在那些古老且牽制性的因素，例如：源於匱乏的恐懼、對拚命努力的執著、朝九晚五或熬夜的生活觀念。

我們的文化中，長期存在一種匱乏感和對成就的執著，當沒有功成名就，或者無法實現外在的成功時，內心就會滋生恐懼與不安。許多亞洲朋友生命中的共同印記可能是——若不努力拚搏，人生似乎就沒有希望。這種信念深植於我們的文化中，也影響了心靈與能量流動。

許多人可能感到，自己像是在承襲原生家庭的課題，例如金錢匱乏或情感壓力。即使再努力、再樂觀，也總覺得有一股無形的力量讓我們無法真正突破。這種「不在順流中」的感受其實非常顯著，但我們可以透過轉變來迎接改變。

接下來，我會請 AFA 高靈與大地的力量將這份訊息更清楚地呈現，並帶領大家進入這個領域。而這位守護森林的存有和大地的力量告訴我們，會有更多支持的力量到來。歡迎大家重複觀看這些訊息，因為它們蘊含著許多能量，可以幫助你的身心帶來真正的改變。

・內在歸於中心

我來自加拿大的一片森林，我在支持每一棵樹、森林中的動物，以及整體的能量。簡單來說，它們就像是能量點，支撐著地球上每一個能量點。

樹木與樹木之間，如同神木與神木，這些古老的樹木在地球上相互溝通，並形成一個網絡，照顧著我們。而我，就是來自加拿大的一位森林守護者，懷著深深的期望與亞洲的朋友們分享這些智慧。

現在，我們進入這股能量的流動中，只需放鬆，閉上眼睛，回到呼吸，允許這股能量充滿我們，它會在我們的腹部引發共鳴，帶來一些微妙的變化。

作為森林守護者，我知道地球上有六個強大的森林區域，而我的領地位於加拿大的北極地帶，扮演著這片森林能量的守護者角色。即使相隔遙遠，我也能感受到你們集結的力量。

我的好奇心驅使我來到這裡，我能看到你們——你們就像透明一般，似乎有些受困。可以允許我這麼說嗎？

你們笑了。你們的靈魂說：「我們不會這麼說，但我們允許你表達任何想法，因為我們知道你的出發點是善意的。」

是的，你們受困了，因為你們忙著取悅他人，忙著迎合外界的期望，讓自己看起來有價值、被接納。但你們卻不知道，森林守護者最重要的能量來自於：每一棵樹的內在歸於中心。

在我們的森林世界中，樹木間不需要競爭或討好彼此。只有當每棵樹歸於中心，它所散發的光芒才會在一個頻率中不斷蛻變。你們也是如此，在自己的道路上蛻變，為自己而蛻變。

我們並非驕傲或孤傲，也不尋求孤獨，而是明白：每一棵樹就像每一個人，都能清楚自己的洞察力、清楚自己生命的力量時，那麼我們既獨立，又能彼此明瞭，並一起提升。

生命中最具挑戰的部分往往來自於糾纏，這源自於無力感、討好、恐懼與許多外界的投射。因此，你們陷入了許多限制。

・釋放委屈與壓抑

你們的限制來自於「不相信生命本應是享受的」。所以，當我看到你們時，我第一個想說的是：釋放你們內心的委屈，釋放你們的壓抑。不要再以為，只有成為某種人才能被喜愛、被接納。在森林的大我與源頭中，我們允許每一個人的生命、靈魂自由奔放，成為最真實的自己。

我祝福你們，願這股力量幫助你們釋放腹部的限制，解開內心的枷鎖。

豐盛與金錢的流動，不是為了讓你變成一個「被看好的人」，而是幫助你享受生命，在學習中快樂地跳躍、輕聲歌唱。

現在，請將意念集中在腹部，感受這股力量的流動。

森林的擁抱將幫助你更清楚自己生命的重點。當你受限時，你會感到自己不停地忙碌，為了照顧他人而失去自我，因為你找不到重點。每棵樹都有它自己的能量頻率，沒有兩棵樹是相同的。所以，解開你們的限制，不需要成為一樣的人。

森林守護者帶呼吸靜心

這個靜心練習非常簡單，這是森林守護者的給予。

1. 只需要將意念集中在腹部，深呼吸。每一次呼吸中，你都能感受到森林守護者的強大力量。

我們告訴你——要成為獨一無二的你。願這股力量在進入你腹部時，逐漸幫助你在學習上變得更加精準、專注與簡化。

2. 不要過度用力，不要過度勞累，不要忙亂。找對方向，聚焦於豐盛之流的頻率上。

連結豐盛之流

現在進入豐盛之流的傳訊場。為了方便與大家的連結，只要你說這個捷徑——「豐盛之流七九八」即可。這個連結已經設定完成，讓這股能量更容易被你召喚。

我來自於每一個人的智慧深處，那裡擁有一股能量，能在物質世界中創造生命的價值。而我與你們之間，是生生世世緊密相連的。

⊙富裕來自你的創造

金錢與豐盛的學習，無疑是每個人生命中，在物質界最重要的課題之一。學習豐盛之流的精神和宇宙觀，始終是靈魂在輪迴中不可或缺的一環。我深感感激，因為你們願意聆聽這股能量的流動，願意感受它的頻率，願意理解為何物質對每一個靈魂來說都是一個課題。

在豐盛之流的另一個世界裡，我來自何處？我來自一個遙遠的地方。如果談及次元，我可以說我來自早已超越人類範疇的地方，不在輪迴之中，卻始終在照顧著你們。

為何我要這樣開頭？我不說我是來自第九次元、第十次元或更高的次元，而是來自一個遙遠的地方。我只想讓你們知道，為何我能夠找到你們——因為你們的一部分，也與我們一同存在於那個遙遠的地方。

生命如此奇妙！我們的存在分布在不同的空間，擁有極高頻的能量，同時也有一部分墜入地球的生命，在苦難與循環中。但這樣的矛盾，不是讓你們感到好奇嗎？我們來自相同的連結、相同的空間，本該在一起，但卻感到如此遙遠。

當你一個人面對生命時，有多少時候會感到孤獨？即便擁有家庭、愛情或穩定的伴侶，你是否仍然感到孤單？

當你一個人面對生命，金錢緊張、壓力沉重，為何事情總是無法如願以償？為何無法真實地顯化？

當你參加身心靈課程時，是否總覺得自己在逃避？因為感到舒適，因為總能找藉口讓自己暫時不去面對外界？

但生命會透過各種可能性，尤其是透過靈魂，來引導你學習物質界的課題：健康、創造物質、成就與能力、名利、生命的展現，這些都是物質界的表現。

然而，如果真正活出自己靈魂的色彩，這份喜悅就是生生世世的，它能帶來更接近真我的豐盛之流。所以，如果你希望立刻致富，我會直接告訴你：我並不會直接給你富裕，但我將教你如何用自己的力量，讓我們的連結變得如此接近。這正是你偉大的創造，而非我賦予你的富裕。當你理解這一點時，你將明白自己在地球上的重要性。

每個人就像一棵樹，沒有兩棵樹的頻率是相同的。我們每一個人都在為地球與宇宙的平衡做出貢獻，無論你是否察覺。

為什麼我似乎離你很遠？其實很簡單，因為你的雙眼、耳朵、聲音和思想暫時將你限制住了。然而，當你閉上眼睛，用心靈去感知，用你的感受去聆聽時，你是否能感受到一種不同的存在？生命的安靜，以及你與靈魂的默契，是如此契合。

因此，在尋找內在道路的過程中，讓你的心靠近自己，而不是感覺我們之間有距離。只有當你的心對焦時，這一切才會變得真實。

打破限制性狀態，啟動順流的開關

你可能會問：經過這麼長時間的身心靈學習，我以為自己已經懂了。但一旦事情發生，突然生病、遭遇挫折、破產，或面對各種問題時，又突然覺得自己被騙了，這不是我想要的法門。

為什麼會這樣？什麼時候你會真正內化你所學的，並真實地顯化出來？如何能在正確的頻率上看見並實現？

很多人問的問題其實很相似：我該怎麼改變現狀？如何過得更好？我該如何理解金錢的能量？豐盛真的是我命中注定的嗎？這些問題其實反映了你內心的限制性想法。因此，我才會說我離你們很遠。

我離你們很遠，是因為，在你們的集體意識中，總是認為必須非常辛苦、非常努力、不顧一切才能創造結果。你們一直戰戰兢兢，處於不斷地考驗中。這是限制性的信念，但如果沒有這份警惕，你會願意腳踏實地努力嗎？

其實，即使我們身處不同的地方，當我們相遇的時候，早已在某個層面上互相連結。希望我們的連結從這一刻開始，一直持續下去。你的豐盛就是地球的豐盛，你的喜悅、靈魂的興奮與滿足，都是生生世世延續的。

至於什麼是豐盛之流？怎樣創造它？

當豐盛之流從你的喉嚨開始流動，你會感到感動，內心會激起一股熱情。但請在內心深處打破那個「必須辛苦、付出多於回報」的限制性狀態。

你能否重新打開這些限制，讓自己變得不同呢？如果想要感受豐盛之流，最好閉上雙眼，去感受這股流動。它從你的喉嚨流入，穿過你的內心，並充滿你的胸口。你能感受到那份熱情嗎？那股想要做點什麼的熱情！

當頭腦不再介入時，你已經啟動了順流的開關。當然，頭腦可能會告訴你：這太難、不可能。但請放下這些限制性的想法。當我更接近你的時候，你會清空所有的信念。但這並不意味著我比一切更強大，只是有些人我會推得很快，而有些人則會慢一些。

⊙放空頭腦，讓能量進入身心

當豐盛之流的能量進入喉嚨並流向你的胸口時，你是否感覺到一股熱情，像戀愛般的感覺？這份熱情讓你想要擁抱家人、擁抱食物、擁抱生活中的一切，內心充滿了感動，並充滿了愛。

那麼，如何練習放下頭腦的限制，精確對焦於豐盛之流的頻率呢？這絕對不是過度樂觀或自圓其說。我們的練習是讓能量進入你的身心，並盡可能地讓頭腦放空。

當你對某件事充滿熱情和感動，卻又能保持穩定、不急躁，並且不強求任何表現時，這股能量便會在你內在深處靜靜地流動。

當你接受豐盛之流時，這份感覺會愈加明晰，你會感受到那種不同：不需要用頭腦去強迫他人為你做什麼，或去滿足你的需求，而更多的是內心湧現的熱情。你會發現，自己現在所做的，是在展現生命的優雅，而不是勉強、被迫，也不是為了成為某種框架中的一部分，只因為別人期待你是什麼樣子。

冥想「豐盛之流七九八」

1. 現在，你會感受到豐盛之流進入你的身體，從腹部延伸到會陰、骨盆，再到膝蓋，你的內在空間逐漸擴大。你在自己的內在騰出了空間，允許來自遠方的祝福進入，並在體內流動。

你感覺自己像是一條小水管，突然變成了像游泳池滑梯般寬大的水管。感到自己變得龐大而寬容，能夠接受一切，不再拘泥於細節，不再受限於表面或集體的期待。你會感覺到這個空間越來越大，越來越擴展。

當豐盛之流進入你的身體，你可以清楚地感知自己是否對「完成事情」感到恐懼。即使你沒有強烈的感知，只需靜靜地待在這份平靜中，你已經在接收了。

2.請冥想：

「豐盛之流七九八」，請與我連結，注入我的內在，讓我的空間更大，讓這股流，能磅 地進入我的身心。我的內在比我想像的更為寬廣，因此，我所接受的豐盛洗禮和來自宇宙的物質支持，比我想像的還要容易且豐盛。因為我有足夠的空間來放下限制，允許「七九八」進入我。這份深切的意願讓我在這三年裡，與地球蛻變的力量同行，我感到自己非常幸運，擁有這份深刻的意願。

有些人在與豐盛之流的能量連結後，第三眼和喉輪已經開啟了。這是一份神聖的祝福。

迎接豐盛之流

接下來，豐盛之流將與大地力量和森林守護者一起，帶來豐盛之流的訊息場。

・讓靜心時更聚焦

有朋友提到，靜心時可能無法集中，甚至會睡著。如果下次在靜心時你感到難以保持安靜，或因為腰椎等部位不適，無法盤腿，可以選擇最舒適的姿勢進行，或者在靜心過程中選擇**躺著**。我鼓勵大家**多喝水**，特別是早上起床時，可以加入幾滴檸檬汁或是綠茶。

在**泡澡**時，乳香、安息香、樹脂或其他脂類香料都能提供很好的幫助。無論是點燃脂類香料還是使用安息香精油，都能讓今天的練習更加有效，這些香料有助於強化腹部的力量、淨化氣場，並促進接收森林守護者的力量與頻率，幫助打開和釋放限制。

如果不方便取得這些材料，也可以使用最簡單的東西：粗鹽。粗鹽是未經加工的，可以大量使用來泡澡。也可以使用薰衣草或檸檬精油來薰香，這兩者在植物能量中，最能與我們今天的練習相契合。

當你們靜心時，若身體某些姿勢感覺不適，除了去體會，並要做出調整。慢慢來，給自己一個最放鬆的狀態。當你能夠放鬆，並清空頭腦時，生命將會發生改變。

・開啟直覺力，從穩定底盤開始

有些朋友在運用直覺力或接收訊息方面有些挑戰，但可能是因為長時間學習，所以還能具備感知力。

我希望你們能更深入地理解，大地的力量認為，只有當底盤穩定，訊息才會穩定；底盤無懼，訊息才無懼。更深入的方式是，透過運動或與腹部有關的練習來增強這份力量。如果想簡單些，可以**每天在床上做十二下仰臥起坐**，這些練習能與今天的能量相輔相成。

對於那些已經開啟直覺力的朋友，可以進一步強化腹部的力量。身體的腹部力量就是通向地心的火焰，它會更具療癒和深層的力量。**底盤穩定**，所有的直覺力才不會漂浮不定。

許多人內在有著恐懼，尤其是來自亞洲集體意識中的恐懼，這與鬼神的禁忌有關。鬼門關開啟並不是為了懲罰或嚇阻，不需要如此恐懼。相反地，我們可以清理掉亞洲長期存在的卡陰附體、與邪惡力量的連結，或被某些存在欺騙所帶來的不愉快經驗。這樣能讓你的直覺力變得更加清晰，並更能連結到你的大我，支持你在生命中實踐重要的力量。

清理那些來自無形空間的憤怒、恐懼或無知的判斷。這個清理並非讓你沒有個人想法，也不是讓你覺得世界一片美好、永遠正向。一個有力量、穩固扎根的底盤，能夠讓你懂得分辨是非，能輕鬆辨識取捨，並擁有清除生命障礙的力量。

．為自己調頻

在疲倦、脆弱或需要安慰的時刻，或當你需要大量的愛時，若你是敏感體質、靈異體質或通靈體質，可能會面對一些經歷和學習。但這些經歷只是為了讓你體驗一件事——你內心有多少頻道向不同空間開放？透過這些經歷，你會接觸到各種不同的能量，並因此經歷屬於你自己的內在蛻變、抉擇和洞見，最終獲得清晰的力量。這些經歷最終會引領你走上更大的道路。

因此，我們鼓勵並保護那些擁有敏感體質或通靈體質的人，幫助他們培養對生命的理解，追隨最貼近自己靈魂的創造，並為這個世界帶來最大的貢獻。

人會犯錯，會疲倦，心靈的頻率有時也會不穩定。然而，現代的身心靈領域已不再充斥對鬼神的斥責與恐懼，更多的是，理解我們共同為地球創造並展現的責任。當你明白這個概念，並意識到自己是生命的主宰時，你便能在無形的世界中與之合作，調整自己的頻率。

沒有人渴望疲憊不堪或背負沉重的負擔，也沒有人願意陷入無止境的因果循環。每個人都希望突破命運的枷鎖。即使在生病或倒下時，也能知道如何調頻自己，從而獲得支持自己的力量。

為靈魂創造更多空間

當宇宙的豐盛之流推動一個人顯化，它首先會賦予這個人面對困難的勇氣。這些困難可能來自物質界，例如金錢的匱乏、原生家庭的限制，甚至是生活中的各種缺失。

如果我們將焦點放在金錢上，很多人會問：為什麼有些人顯得更有豐盛的運氣，而另一些人卻感到匱乏？其實，豐盛之流不會偏愛任何人，只是每個人的機緣、使命和時機各有不同。

◉ 騰出內在的空間

我想提醒你們一個很重要的觀念：學會騰出內在的空間。當你能騰出內在空間，你就不會被匱乏的恐懼困住。這種空間讓你能一步一腳印地前行，即使面對挫折，依然感受到來自豐盛之流的支持。

豐盛之流會幫助我們轉化內在對金錢的匱乏感、恐懼和貪婪，並與金錢建立平衡的關係。當這種平衡達成後，你可能會獲得豐厚的財富，也可能只是適度的小財富，但重要的是，你將學會駕馭匱乏，並創造正向的流動。

當你從事正確的事情、建立正確的關係，或參加正確的課程時，你會逐漸感受到生命的清晰感。然而，這種清晰並非一朝一夕能達成。我們需要給時間以時間，給靈魂以空間，讓更大的顯化有機會與我們共同創造出地球物質界的可能性。我們與你們是合作的夥伴，而非掌控者。靈性的實踐不是為了實現我們的理想，而是為了共同創造。

扎根來自日常的踏實行動

扎根的靈性生活應該帶來一種喜悅和踏實感。當你從事靈魂意願的工作時，完成後的滿足感和喜悅感是明顯的。然而，靈性生活的落實，更需要你每天為自己的目標努力，並在困頓或倦怠中找到力量。

扎根的關鍵在於，讓靈性成為你實踐和承擔的支柱。無論是小使命還是大使命，都需要從日常的踏實行動中逐步實現。靈性生活的本質，便是讓你：即使身處困境，依然能感受到喜悅，並在物質與靈性之間找到穩固的平衡。

簡單來說，當你面對這份工作，感到身心疲憊、能量被消耗，甚至不再感受到喜悅時，請你在結束工作之前，為自己創造一個重要的圓滿時刻——這就像為自己的生命蛻變舉行一個小小的儀式。在安靜的時候，問問自己：是否真的準備好要離開這個崗位？並在離開前為這段旅程做好準備。

現在請你放下繁忙的思緒，進行一個簡單且務實的練習——閉上眼睛，靜心片刻，召喚這份工作的能量來到你的面前，讓它與你連結。感受這股能量，問問自己：這份工作是否讓你感到需要休息？內心是否渴望改變？

如果你在現實中面臨許多挫折，渴望改變方向或探索新路，你的靈魂會在這種靜默中給出答案。當工作的能量與你共存時，若你感到匱乏、缺乏勇氣和信心，或是內心深處像一個傀儡般勉強支撐，即使表面成就耀眼、掌聲雷動，內心卻感到甘苦難言，那麼，這些感受正是值得你誠實面對的訊號。

那些短暫的掌聲或許能帶來一時的滿足，但當你靜下心來，你可以更清晰地判斷自己是否走在正確的道路上。如果你發現，疲憊感已超過了成就感，內在靈魂的嚮往再也無法被外在的成功填滿，那麼請允許自己去誠實地探尋答案。你是最了解自己的人，你可以選擇離開、改變方向，或暫時停下腳步，重拾力量。但最重要的是，忠於自己，並為靈魂騰出更多內在空間。

或許你會擔心，停止工作後可能面臨機會的減少，但當你再次安靜下來，請邀請靈魂指引你，帶來新的工作能量或發現潛藏的天賦。允許自己的靈魂天賦展現，讓它引領自己感受生命的無限可能。

發掘內心早知的答案

如果你覺得自己像個麻瓜，無法感知或回應那些能量，也沒關係。可以採取另一種方式。當你無法直接感知能量或收到明確的回應時，靈魂通常會以其他形式向你傳遞訊號，例如透過數字、物件，或某些看似偶然的現象。即便一時之間無法分辨對錯是非，也不用擔心，將這一切視為生命中珍貴的提醒，用感恩的心去看待。

一開始，我也曾經無法擴展自己的感知，無法明確地感應能量，或辨識哪些領域與我相契合、能共同創造，哪些則可能處於停滯狀態。但事實上，你的內心其實早已知道答案。只是因為缺乏自信，你可能需要一些外在媒介來輔助，例如牌卡、算命或抽籤。這些方式本身也是能量的一部分，但關鍵在於你的內在狀態。如果你帶著恐懼去尋求答案，我建議先放下恐懼，讓內在安靜下來，為靈魂創造更多空間。只有在這種狀態下，你才能真正引導並接收那些指引。因此，並不是塔羅牌或其他工具不準確，而是你的內在需要校正，才能使那些訊息成為靈魂真正的啟示。

要做到這一點，你需要學會靜心，深度連接自己的內在靈魂，並請求新的天賦或可能性降臨到你的身上。當你成功與這個頻率接軌，你會發現，答案不僅準確，還充滿著與你靈魂一致的力量。

② 行動：點燃行動力之火

我會慢慢地讓自己放空，然後讓豐盛之流流入我的內在。

今天會有幾位存有來與大家聊聊「行動力」和「火的力量」，以及雙手靜心的練習。

第一位是我自己的靈魂，還有從小照顧我、陪伴我長大的 AFA 高靈；第二位是我在墨西哥與瑪雅文明連結時認識的瑪雅國王，他曾創造過極大的輝煌，所以今天我們將擷取他輝煌時代的能量，請他來談談什麼是行動力；第三位存有是一位新朋友，他的訊息我也與大家一樣，要等到稍後才會知道。

現在，請大家先將雙眼輕輕閉上。

今天的能量非常特別，我現在的心跳也因此變得很快。這股能量來自北極，大家可能有聽說，因為太陽風暴的影響，極光的活動變得非常活躍。這次的北極光蘊含著一股極為強大的力量，可以幫助我們更清明——特別是直覺力和第三眼。這種力量具有療癒和蛻變的穿透力，會源源不絕地支持我們。在與這股力量調頻的過程中，我也感受到豐盛之流與北極光能量的交融。

我曾收到一位朋友的訊息。他屬於敏感體質，卻因為感知過於開放，被家人送去醫院，並被診斷為思覺失調。這類狀況對於擁有強烈感知力與開放氣場的人來說並不陌生。在開放的過程中，接收到強大的訊息往往伴隨迷茫與不安，這需要時間去適應與鍛鍊。

今天，透過雙手靜心的練習，幫助大家深入內在，面對恐懼與脆弱。

其實，通靈並不是一種特殊的「優勢」，只是一項額外的能力——能接收更豐富的訊息。但這並不意味著，擁有這種能力的人不需要修行與學習，且比較厲害或有捷徑。每個人的靈魂該經歷的、該學習的，終究都不會少。

敏感體質的人，在現今這個較為混亂的社會中，的確需要一些支持與穩定的力量，讓自己能夠更歸於中心，並調整接收訊息的純粹度。

行動力

今天的主題是「行動力」，但也希望能支持身心非常敏銳的朋友們，幫助你們在靈魂之眼——也就是第三眼的層面——能夠看得更透徹、更清明、更靠近內在靈魂的嚮往。對於眾多高靈來說，支持地球與北極這股力量下的人類，是一個非常重要的使命。

以下我把訊息場交給北極的這道力量，然後再帶領各位進行與靈魂之眼、直覺力，以及生命視野清晰度相關的靜心練習。

⊙ 靈感的實踐

感恩大家在這個特別且充滿蛻變的時刻與我一起。我想藉此機會與華人朋友分享一些近期來自宇宙的祕密，特別是，如何辨別我們所感知到的靈感，並將其聚焦於行動力上。

・不疾不徐的實踐態度

當神聖的靈感降臨時，我們該如何將它實現在物質世界中？這需要一種不疾不徐的實踐態度。

有太多的朋友在運用第三眼時，我們看到了你們對接收到宇宙的訊息雀躍不已，將這份禮物視為無比珍貴，並渴望奮不顧身地去完成它、顯化它。

但我想告訴你們，在無形的世界裡，我們的確沒有時空的限制；然而，在有形的世界、有情的世界——也就是娑婆世界中——我們需要耐住性子。顯化需要對焦，而不是靈感一來就立刻行動，否則可能會帶來失望。因為宇宙的靈感訊息需要在適當的時機去顯化，這才是身心靈平衡的關鍵所在。

當你的直覺力被開啟時，你的底氣是否足夠穩固？你的身體健康如何？你的情緒是否穩定？你的恐懼是否已經被察覺並釋放？作為有情眾生，我們常常因為情緒而亂了思緒，甚至亂了陣腳。情緒的干擾不僅讓事情變得曲折，甚至可能阻礙顯化的進程，讓事情失去了應有的底氣與運氣。

穩定，不僅關乎自身的內在平衡，也關乎在行動力上的勇氣——包括有勇氣去犯錯，以及面對失敗的平常心。

所有的夢想，並不是因為你寫下來、念了二十次，或向宇宙下了無數的訂單就能實現。這並非宇宙在刁難你，而是要問問自己：你是否曾關照過自己的身心靈？你的頻率是否與你所嚮往的形式一致？

在太陽風暴開始密集時，不僅自然現象會受到影響，對於有肉體、有情感的人類來說，這更是一個挑戰。我們想偷偷分享一個關鍵：底氣與靈感。

・底氣與靈感

底氣，能夠凝聚群眾的心、團隊的力量；團結，就是行動的開端。而靈感則來自宇宙，它或許像一朵雲，輕輕飄過你的腦海，留下適合你個人顯化的珍貴訊息。靈感是一種提點，而非直接的答案。

在直覺力開啟的過程中，我們往往會交織著個人的過度期待與靈感的純粹性。因此，穩定自己的底氣，才能真正與靈感協作，實現它的價值。

所以，我想直白地告訴你們，當你感到什麼都不想要、感到空虛或茫然的時候，其實是生命中的一個階段。在這個階段，你可能開始知道自己想要什麼，知道自己的夢想是什麼，想要達成什麼樣的目標。於是，頭腦開始啟動了一些靈魂的連結，向宇宙發出訂單，希望自己的生命朝向那個方向前進。

但事實是，你可能看不到任何蛛絲馬跡能夠讓這些事情迎刃而解，或輕而易舉地走上那條道路。為什麼呢?因為行動力要對準的頻率，是需要透過努力與做功課來達成的。

而如何清楚地抓住你所謂的靈感，並找到一個出口，讓靈感直接融入行動？

．讓流推著你走

在此我與各位分享，什麼叫做「順流」，以及什麼叫做「讓流推著你走」。

當一個人已經習慣於自己的日常生活，陷入每天循環重複的模式中時，他可能不太願意走出自己的安全範圍。因為當你想得太多，只要遇到一點挫折，就可能退回到安全的堡壘。

那麼，什麼叫做「讓流推著你走」？這需要做功課。沒有人天生靈魂沒有印記，也沒有人天生頭腦裡沒有思考、記憶或恐懼。所以，做功課是必要的。而這功課包含三種，我要小聲說，因為這也許是我們之間的祕密。

1. 喜悅

在這艘象徵地球蛻變的大船上，你們每個人都是不可或缺的一部分。在推動的過程中，我希望你們能感受到那股力量——推著你們走的，是來自喜悅頻率的動能。這股動能將一步步引導你們完成那些看似遙不可及的小夢想。

2.平常心

請問，每天花時間在口號上、在思辨靈性文字的排列組合中，真的有幫助嗎？倒不如先清理內心的恐懼，學會放下「非得如何」的執念。當你的頻率越靠近平常心時，身體會更放鬆，頭腦也會自然生出信心。而那股流，便會用力推著你前進。

3.貼近靈魂的頻率

這股流來自於哪裡？它來自你的靈魂。你的靈魂會搜尋所有合適的素材，幫助你完成這一生最渴望的目標。實現的速度取決於你與靈魂之間的「交情」與「關係」。

所以，你做了多少功課？你如何貼近靈魂的頻率？如何在紛繁的雜念中對焦？這些都需要努力與實踐，因為靈魂的力量不會平白無故地降臨。

但請記住，這些功課，只有你能為自己完成。

⊙落實在當下

我是瑪雅國王。今天，我希望能參與這次關於行動力的分享。

．走在中庸之道

你的行動力，除了要處理自己的欲望、複雜的情緒，以及澎湃激昂的過度樂觀之外，更重要的是學會如何做功課。而這功課，其實就是要落實在當下。

每一個修行人都知道，學習身心靈或經歷過開悟的人也都明白，務實並靠近大地扎根的力量，才是顯化行動力最重要的關鍵。簡單來說，這就是「底氣」。而底氣，該如何幫助你去完成功課呢？

關鍵在於剛才北極力量所提到的——不恐懼、不過度，不過度樂天、不過度偏執、不過度過頭。如何走在中庸之道，穩定地向前，這與你的底氣息息相關。

・底氣×直覺力

一個有安全感的人，通常具備耐心、自信、意志力，他可以專注並聚焦，吸引好的貴人、正向的頻率，甚至集結團隊，有秩序地對焦在行動上。而這一切的基礎，就是底氣與直覺力的相輔相成。

靜心：鍛鍊底氣

帶領大家進行一場關於底氣的靜心練習。在這個過程中，也會觸及直覺力的領域，幫助自己進行一次來自宇宙的能量沐浴與蛻變。

1. 請選擇一個自己感到最舒適的姿勢——可以坐著，也可以躺著，但無論姿勢如何，將左手掌心輕放在肚臍的位置。臍輪是我們力量的根源。請將左手輕放在肚臍的位置，閉上雙眼。

2. 進行六次深吸、深吐，按照你自己的節奏進行。這將幫助你的身體注滿力量。在人類的物質界中，健康是創造性能量的基礎。我們的身體需要大地的支持，需要自然界的滋養，包括海洋、樹木以及無數生命的力量。沒有這些支持，我們便無法穩固地與行動力連結。

3. 將意念集中在左手掌心下方的肚臍位置。再次進行深呼吸，深深吸氣，然後緩緩吐氣，重複六次。在呼吸的同時，擴展你的感知，去體會此刻的狀態。當宇宙的能量流入你的身心時，你的振動頻率將與靈感對齊。

當靈感到來時，請重新審視它，敞開擁抱它。你會發現，在這樣的狀態下，身心是平靜且輕盈的，並充滿了喜悅。這就是靈魂靠近你、滋養你時的感覺。

而當干擾或雜訊出現時，你的身體可能會感到緊繃，這是提醒你注意的訊號。這些訊號或許是要告訴你「遠離這個危險的人」，但來自靈魂的連結不會帶來恐慌，相反地，靈感會讓你的身體以平靜與和諧的方式自然回應它。

4. 繼續進行六次深呼吸，感受當下的狀態。

真正的「愛」會帶給你安全感，而那些充滿恐懼、不確定性或僅由欲望驅動的「愛」，無法真正滋養你的身體與靈魂。

靜下心來，感知你的身心感受，這才是真實所在——透過身心的覺察，而非依靠頭腦的假象，去探索生命的實相。

每個人都擁有豐盛的天賦，也擁有行動力與創造顯化的能力，請接納與運用這份力量。當你的靈魂穩穩地坐落在你的身體中，讓你擁有穩固的底氣時，宇宙的能量之流就能推動你，這是與你互動的重要基礎。當身心誠懇地敞開時，你不會受限於固有的框架，而是允許自己探索未知，開拓生命的可能性。你會明白，來到地球的旅程並不容易，一生的時間既不長也不短，但你擁有勇氣去創造屬於自己的輝煌。

5. 這個過程中很重要的一點，是持續覺察自己的恐懼，並不斷地釋放它，將你的頻率調整到更正向、更和諧的狀態。

當你與靈魂、與你的內在大靈，以及整個宇宙精神團隊連結時，它將化為一股推動你前行的強大力量。

6. 讓靈魂好好地坐落在你的下盤。如果你此刻是躺著的，可能較難感受靈魂與身體的接觸，最好稍後改用坐姿進行練習。將雙手放在肚臍上，意念集中於你的肚臍。

如何感知靈魂是否與身體連結？如果靈魂在身體中，你會感受到身心之間有能量流動，並伴隨著平靜與喜悅。若靈魂在身體的左邊、右邊、上方，或迷失了，我們將引領它逐步歸位。這也是許多現代人精神疾病的根源，尤其是憂鬱症或失眠等問題，往往是長期忽視靈魂的存在，無法與其連結，或者不知如何邀請靈魂回到身體。希望這個過程能幫助大家，改善身心狀態。

7. 請將意念集中於肚子的正中央，那是空心的位置。我們的身體就像一個容器，將雙手掌心放在肚子上，與尾椎前方連結，意念集中於肚子的正中央。跟著我默念以下的句子：

「Akoda Naku」

這是個祈請語，意思是「我希望與我的靈魂連結」，請重複九次「Akoda Naku」。

請大家敞開心扉，成為一個充滿行動力的人，在物質世界或地球表面，活出更加光彩與豐盈的生命狀態。

對於某些敏感體質的朋友，過程中可能會有過度反應，例如打嗝、排氣、頭暈或頭脹，這是靈魂需要安住於身體所產生的自然現象。

8. 在完成九次默念後，請進行六次深呼吸，將意念集中於肚臍或肚子的中央。每一次吸

Akoda Naku
我希望與我的靈魂連結

氣，感覺你的靈魂與你越來越靠近，甚至與身體幾乎重疊。

9. 此刻，你的意圖應該非常清晰。這時候，可以向宇宙下訂單。但記得，慌亂時下訂單是無效的，因為那是雜訊。我們需要對焦於正確的頻率，在無比安全感與放鬆的狀態下，發出你的意圖：

「請讓我的靈魂好好地歸位於我的身體本體上，支持我所有的行動力。」

10. 接著，感覺從肚子的中央發出一道紅色的寶石光，如同扇形的鑽石般，從你的肚子中央向外發散，逐漸擴展到全身。

也許你會瞥見靈魂的光芒，或學會如何在生活中務實行動。這時候，你不會高高在上地看著其他地球人，覺得他們混亂、無法理解。相反地，能夠真正成為地球人，就應該做一個對地球有貢獻的人。

這紅寶石的光，如同你靈魂的光芒，正向外發散。任何離開身體的靈魂，請歸回本位。

請相信，即使練習並不完美，敞開與真誠的心將引來眾神與宇宙的支持。

11. 再進行六次深呼吸，感受大部分靈魂已回到身體，並希望你的氣場也趨於完美無缺。

你們可以有印記，但不能有破洞。有破洞的話，所有的努力都會耗盡你個人的能量。

因此，我非常希望看到你們的氣場完整無缺。不僅僅是我在幫助你們，所有的守護神也都隨時陪伴著你們。在每個靈魂可以蛻變躍升的關鍵時刻，祂們絕對不會缺席。因為他們的使命，就是帶領你這顆地球上的小小種子，成長得更加完整、更具光芒。

12. 讓紅寶石的光發射開來。將意念集中在頂輪上方一公尺處的宇宙之中。那裡是你頭頂的遙遠處，藏著豐盛之流的金色力量。請召喚這股豐盛之流，讓它降臨，並說出：

「請修復我的氣場，修補我身心與氣場中的破洞。」

13. 將雙手打開，手掌心朝向前方，在這過程中，感受豐盛之流金色的力量流經你的雙臂，進入你的腋下。這股金色能量，如同太陽般無私地包圍著你。太陽的金黃色光芒保護著你的雙腋，讓這些部位不再有任何被侵入的可能性。

你們需要明白，「腋下」的能量場非常重要。同時，腋下、膝蓋以及後頸部位，也都是負面能量容易侵入的地方。因此，這些部位是氣場修復的關鍵位置。當氣場修復完成、沒有破洞時，無論做任何事情，都會更加順利，甚至容易遇到貴人相助。

14. 將注意力集中於後腦勺的位置，將雙手手掌放在後腦勺的兩側，穩穩地擺放，帶著信心與力量。讓豐盛之流進入這個部位，協助清理與修復，釋放那些壓抑在潛意識中的負面能量與限制。

後腦勺存有許多「黑盒子」的記憶，也就是你們的潛意識。你們所有累生累世的故事、人類的故事，都儲存在你們的後腦勺。因此，後腦勺需要好好保護和照顧，才能駕馭來自累生累世的情緒影響與行為模式。修行的目標，就是為了觀察並駕馭這些影響。

後腦勺是一個極為重要的部位，因為所有的祕密都藏在這裡。倘若這裡的氣場沒有受到良好的保護，你可能會感受到干擾，甚至失控，彷彿有另一股力量占據了你的身體。

對於敏感的朋友來說，這裡尤其需要關注。若這個部位的能量受影響，你可能會感到虛脫、暈眩，甚至彷彿整個人被占據。這裡的狀態，也與直覺力有著直接的關聯。

所謂的「通靈」其實是將身體借給某種頻率或無形世界，但如果你無法辨識這些來自何處時，可能就進入了自己的潛意識。這就像催眠一樣，你進入累生累世的潛意識深處，冰山下的種種活動浮現出來。有些朋友在這過程中，會傳遞悲傷、痛苦或其他情緒訊息。

但這並不可怕，真正需要注意的是，了解這些情緒之後，必須往更高的層次邁進，因為這是一個必經的過程。所有被開啟的朋友，都會經歷這一階段，只是需要付出更多的努力來駕馭它。

15. 請雙手放在後腦勺的位置，一起念「Aguda, Aguda, Aguda」連續念九次。

「Aguda」的意思是「自我結界，自我保護」。這就像為自己建立一道堅固的城牆。這個區域極為私密，尤其是敏感的人，更需要特別保護。後腦勺儲存著所有的資訊，

Aguda, Aguda, Aguda
自我結界，自我保護

同時也是能量最容易消散的地方。當你感到身心疲憊，或覺得自己的心靈與身體分離時，甚至做事情像是行屍走肉，沒有熱情或意識，這時候，我會建議你在睡前將雙手掌心放在後腦勺上，給予它支持與保護。

如果這些咒語記不住，請用你們自己的語言，向更大的宇宙之流或精神團隊祈請。每個人都有自己的精神團隊，可以請求祂們支持你，修復潛意識的部分，並保護這個重要的區域。你們需要學會成長出內在的力量，去分辨與覺察。

16. 請深吸一口氣，然後緩緩吐出，將意念專注在後腦勺上。

時常將雙手的掌心輕放在後腦勺這個部位，可以幫助你與它建立更多的連結。

17. 接下來，將你們的意念放在眉心輪。我們邀請北極的力量進入你們的眉心輪。

當你深刻感受到在地球上的生命是安全的，你的靈感便會充滿愛，並且支持你成為一個完美的地球人。

靈感會支持你，也會支持他人，它能幫助你以及你身邊的家庭與朋友蛻變。因此，我們需要花點時間，好好支持我們的第三眼。

18. 請再度將意念專注在你的第三眼。冥想時，你會感覺到一道如鑽石般的白光，從第三眼發射出去。

真正的靈感是充滿愛、和平與支持的，它支持自己，也支持他人。靈感不是用來分裂的，不是用來看到他人不好之處的，也不是用來區隔彼此的。靈感是為了引領我們走向智慧。我們都在學習，而更需要重視的是這個直覺力的器官——第三眼。

19. 請安靜地將意念放在第三眼，感受它的旋轉。這白色的鑽石光，同時與北極的力量相應。

清理第三眼中存在的恐懼

有許多的通靈人充滿著恐懼，因為在地球上，你們曾經遭受過殺戮，留下了許多與直覺相關的記憶。比如，你感覺到大自然中災難的來臨，這些直覺成真了。然而，即使擁有這些直覺，你卻感覺自己無力改變什麼，甚至會懷疑：「為何我要接受這些訊息？」

但請記住，你絕對可以下達明確的意圖。例如，當你感覺自己接收到某些重大災難的預警，卻無能為力時，可以設定意圖：「我不想再做這麼多無助的夢，希望我的夢能貼近我的生命，幫助我蛻變與成長。」這個意圖需要明確，而非模稜兩可。

同樣的，有些人在直覺上常共振到恐懼的訊息。如何幫助自己呢？如果靈感是一個創造與顯化的意念，那麼我們需要挑戰自己，讓行為與行動達到合一的狀態。當頻率調和時，訊息場就會簡化，不再是妄想、困擾或想像的滋生地。

因此，我們要學會將直覺力與行動力相連，正如剛才提到的瑪雅國王的教誨。當直覺力與行動力處於相近的頻率時，你會感受到宇宙之流的推動。如果兩者無法相連，你可能就像一個迷失方向的傀儡，因為你不明白什麼是真正的喜悅。所以，我們需要更有主動性的創造力，而這種創造力來自於：允許更大的宇宙之流推動我們在人世間顯化。

靜心：直覺力與行動力相連

1. 請將注意力聚焦於第三眼的位置。從眉心開始，進入頭腦的中央，感受一道力量向下延伸，穿過身體中空的部位，直達海底輪（即肚子正中央再往下的位置——會陰）。你會感覺到，從第三眼有一條筆直且厚實的線，串聯到會陰，並穿過臍輪，然後再向下延伸，直到你所坐落的大地。當這條線連接到地心時，你會感覺自己穩固於地球之上。

如果你的身體出現劇烈搖晃，請穩定下來，這是可以自主調整的，不需要晃動身體。如果你感覺氣息不穩，或者不斷排氣、打嗝，請試著將所有的氣沉入下盤。當氣息安定於底盤時，能量便不再四處竄動，而是凝聚於身體內部，讓你更能運用這股力量。

2. 穩住身體，不讓思緒紛飛，然後對自己說：

「我允許自己慢慢進步，但我不會放棄。我會一步步前進。」

行動力所需要的，正是這份堅定的勇氣。

3. 將氣息收回來，集中進入你的底盤，你能感受到自己整個底盤穩定下來，並與地心緊密串聯在一起。你完全被大地支撐著，帶領你創造行動力。

我們的目標是讓眉心輪與會陰串聯。如果無法透過冥想感知這條管子與它們的連結，也沒有關係。請你將注意力回到眉心輪，專注於這個部位，然後進一步轉移到頭部的正中央。

4. 接著將意念引導向下，直到會陰的位置。即使無法清楚感受到這條管子的存在，也請跟隨你的眼神與意念，一步步將注意力帶向會陰，然後穩穩地連接到地球的地心。此時，你的雙手可以輕鬆地放置於身體的兩側，舒適地擺在身旁即可。

落實無懼的行動力

如果你在靜心時經常陷入崩潰、悲傷或哭泣，我建議你可以嘗試一個幫助自己的練習。

1. 在早上九點以前，尤其是在滿月前夕或滿月前三天，請找一棵你感覺充滿陽性能量的大樹。如果可以，赤腳站在土地上。

2. 擁抱大樹之前，先祈請它容許你接近。當你擁抱它時，將你的身體完全交託給它，讓它承載你的痛苦與悲傷。這些情緒和記憶可能儲存在你的潛意識中，尤其是後腦勺與心輪的位置。因此，我們需要學會釋放它。

3. 當你擁抱完大樹後，請轉過身，將後腦勺緊貼在樹幹上，身體筆直地靠在樹上。讓後腦勺貼著樹皮，同時感受從頭頂到會陰有一道筆直的能量線貫穿全身。想像你的潛意識中那些沉重的記憶正在交託給大樹，而大樹強健的能量支持著你。

大樹擁有最強大且無條件的力量，可以讓你感受到安全和穩定。雙腳穩穩踩在大地上，感受自己與地球地心的深層連結。

這是一個非常強而有力的練習，尤其在滿月前夕，能幫助你在地球上真正落實自己的行動力，充滿無懼的勇氣。

身體有病痛的朋友，我建議平時要注意保護脖子，避免後腦勺著涼。

這些是與大地連結的關鍵，讓自己的身體與細胞重獲新生的一種很好的方式。滿月前三天，大自然天地的精華會匯聚在樹木中，而你雙腳踩著的大地便是你誠摯的祈願與臣服。

對於容易因感知而混亂的朋友，穩定自己的下盤非常重要。行動力，正是幫助你穩定身心情緒，讓容易失控或不開心的狀態得到平復。當穩定下來後，你便能清晰地支持自己的直覺，擁有強大的底氣，對焦在最準確的行動力上，而不是像無頭蒼蠅般迷失方向。

有了穩定的底氣與正向能量，你便能更好地完成自己想要創造的夢想。

不必勞心勞力

因為北極的能量稍縱即逝，而我們正處於這股能量流之中，所以花更多時間陪伴大家，將這股力量引入你的身心，幫助你真正具備穩健的底氣。

人類是非常特別的存在，從遠古時代開始，人類便一直挑戰大自然，努力抵禦所有威脅，如寒冷、饑餓等。於是，人類在很久很久以前，就不斷發展並鍛鍊出堅韌的意志力、勤奮的行動力，以及足以生存的陽性能量。

然而，現代社會已經不同於過去。我們有能力與大自然、宇宙之流合作，而不再需要單打獨鬥地去砍伐森林、蓋房子等，因為許多條件早已具備。我們應該尋找更好的合作方式，而非只是勞心勞力，因為這種方式往往會耗盡個人的底氣。尤其在東方文化的集體意識中，長期流傳著「奉獻與犧牲」的價值觀，認為付出越多，福報也會越多。

我並不否定這種思想，但在當今磁場快速變動的時代，我們可以採用一些不同的思考模式，這樣你的生命會更充滿活力，而非僅僅為了生存而吃得越來越多，就算身體越來越強壯，卻無法找到真正的行動力。

⊙ 學習中道與平衡

太過忙碌會讓人失去平衡。我們希望支持那些非常有能力的朋友們，幫助你們在創造無限可能性的同時，也能好好照顧自己。因為「勞心勞力」不僅會傷害你的心，還可能損耗身體的能量。你可能會開始懷疑：為何付出這麼多，卻得不到理想的回報？這並不是你的錯，而是生命在提醒你，完美的生命課題就是學習平衡。作為地球上的人類，我們正在一步一步地學習找到中道與平衡。

慈悲靜心：千手觀音的力量

1. 請將雙手敞開、雙臂張開。我會為你們的心輪注入慈悲的力量，這股力量能融化集體意識中那種「犧牲小我，完成大我」的僵硬概念。我希望你們能夠先好好照顧自己，當你有能力給予時，才會真正體驗到生而為人的美麗，以及在地球行走的絢麗。

2. 雙手張開，手掌朝前，我們召喚——千手觀音！請你感受自己成為千手觀音，擁有無數雙手，這些手可以療癒自己、療癒他人，甚至療癒身邊的所有人。在你的業力故事中，所有的困難都能迎刃而解。

你會感覺，千手觀音的力量正融入你的身軀，那千萬隻充滿力量的療癒之手，正在展開你的雙臂。此刻，你也成為千手觀音的一部分。

我們要療癒的，是自己的心。

你會深深地感受到，這個世界上所有慈悲的力量，正緊緊擁抱著你。

慈悲來自於共感與敏感，而慈悲本身就是一條通往心靈開闊的道路。慈悲能讓我們的心接納那些不如人意的事物，並將它們轉化為智慧。這份智慧告訴我們，在當下，我們能做的就是全力以赴去勝任自己的角色。

慈悲，也讓我們看見並照見內心深處的底氣，這股底氣是如此深厚，讓我們更加謙卑。我們知道，自己可以做到，而在內在的不斷蛻變中，成為真正具有支持力量的人。

千手觀音的力量，能融化你內心的憤怒、痛苦、不理解與受傷。祂如同最慈祥的母親，用祂的無數雙手擁護著你，捧著你的心，並告訴你：你的豐盛，來自於你生命中那些糾結的鬆開與舒展。當你放開執著，便會啟動豐盛之流的鑰匙，讓所有能量流入你的生命，推動你一步步向前。

當千手觀音捧著你的心，祂正在告訴你——你深深地被愛著。這個世界無論發生什麼事，你都擁有祂的支持，讓你心不勞、人不累、心寬。現在，我祝福豐盛之流的能量注入你們的心輪。請記住：你已經在做最好的自己。

雙手靜心

在日常生活中，還可以做什麼來增加能量？

當我們按壓掌心，特別是右手的掌心時，可以療癒我們的陽性力量，進一步增強行動力與勇氣。

右手掌心的按壓，能夠增強陽性力量；而左手掌心則與我們底盤的靈魂連結。在中醫裡可能會有不同的解釋，但我的經驗是，這種按壓可以提升腹部能量，幫助我們更有底氣與行動力。

・身體平衡

以下訊息來自我的CD高靈。祂提醒我們，要注意身體的平衡。

如果你經常感覺某一側的力量較弱，可以試著改變習慣，例如不要總是用右側扛東西，將背包改背在左邊，調整站姿，不要總是偏向右側。

當你有意識地讓左側也能有力量時，陰陽能量會更平衡。這種平衡不僅可以幫助我們接收直覺，也能避免過度勞心勞力或承擔過多他人的負擔。

陽性能量很重要，但陰性能量的調頻同樣很關鍵。當陰性能量被適當調整後，直覺力、行動力與勇氣會更加一致。

此外，可以觀察脊椎的狀態，如果脊椎不正，可以透過一些體位法或運動來加強核心力量，進一步支持脊椎與尾椎的穩定性。這些方法能讓肚子湧現出一股支持的力量，幫助我們順應能量之流，而不是陷入內在的糾結或對抗。

當身體足夠平衡且夠靜時，我們的行動力與靈魂的方向就會更加契合。

．心態調整

關於思緒混亂的問題，有一個方法可以幫助你更好地調整心態。頭腦感到混亂，這種感受其實很常見，特別是對敏感的人來說。

在人多的環境中，集體意識就像一張無形的網絡。我們可能會接收到過多的資訊，而這些資訊往往會造成干擾。然而，如果我們能接受並適應這種情況，就能在現代高科技的環境中更好地生活。不論是電磁波、高樓林立的城市環境，還是地鐵等複雜的公共空間，這些都會對我們的身心產生影響，但我們可以學會與之共存。

前面提到過，雙手擺放在後腦勺的位置，便能更容易回歸自身生命的本質，而不會被集體意識中的各種意圖與概念牽引或影響。有時，我們因為脆弱而嘗試接受別人的意見，但這樣可能會使我們失去內在的力量。

要注意的是，「敞開」與「無法清晰地知道自己真正想要什麼而全盤接受」，是兩回事。敞開並不等於接收所有資訊，也不意味著什麼都嘗試，因為這樣只會讓自己感到忙碌與疲憊。我們需要建立自己的力量中心，明白自己有拒絕的權利。敞開的同時，也要給自己時間去消化接收到的資訊。

現代人的生活節奏匆忙，往往忽略了靜心和消化的過程，但這些對身心的平衡至關重要。我們可以在睡前，將雙手放在後腦勺上，這個簡單的動作能安撫生命中的記憶與潛意識，不論是美好的還是痛苦的經歷，包括那些糾結或勾起情感的事物。這個過程能讓你釋放壓力，並重新連結靈魂、身體與大地的關係。

⊙引發內在蛻變

CD高靈說，當你靜心或有高頻能量進入身心時，每個人可能會有不同的反應。如果這股能量尚未完全整合，或是你的氣場、脈輪、能量器官、意念等尚未充分開放或釋放，身體可能會感到緊繃。也有可能是因為這次的能量與你平常熟悉的頻率差異較大，尤其是來自北極的能量。

其實，前陣子我也有類似的經歷。連接這股能量時，我感到身體無力，能量尖銳得讓我無法完全吸收。起初，我甚至難以好好說話，因為需要時間適應。不過，十二天後再次連接，那種緊繃感已完全消失，沉重感也一併化解。

這股能量剛到來時，我注意到它從彩虹光逐漸轉變為靛藍色光。即使我已經習慣接收訊息，當這能量聚焦於直覺力時，仍感到身體緊繃，下盤沉重。

這種不適或緊繃感，在你靜心一段時間後，北極的能量會開始進入你的身心，敲開如磚塊般的阻礙，引發內在的蛻變，釋放那些因過度思考而感到疲憊的部分。這些蛻變的關鍵在於你的意願。平日裡，你的腦袋思緒過多，情緒和障礙因而累積，導致頭部常有不適感。

鍛鍊出不懼的心態

對於敏感的人來說，進入一個混亂、人多且頻率複雜的場域，身體也會感到緊繃。如何辨別這個場域的能量是否適合你？這答案會呈現在你的內心和身體感知上。

如果場域混亂且缺乏正向能量，你會感到被掏空。離開後，通常只需六小時便可恢復，無需驚慌。洗個澡、睡一覺即可重回平靜。然而，有些人可能因此害怕，認為自己「被卡住」，導致徹夜難眠。這多半源於內在恐懼，而恐懼恰恰最容易吸引外在的負面能量。因此，鍛鍊出不懼的心態尤其重要。

你不需要害怕鬼魅，也不必懼怕冤親債主。若這與你有緣，該發生時自會發生。而那些多餘的恐懼，反而會讓你睡不好，進而越來越抗拒人群，因為總覺得不舒服。

這其實源自「底氣」不足。什麼是底氣呢？就是相信自己有能力、有力量可以穩住自己。當你去到像墓地這樣的地方時，為何不需要擔心被卡陰？因為你知道自己是被保護的，你不恐懼，明白那些與你無緣的事物只是短暫的感受，如雲煙般最終會消散。

千手觀音想傳遞的慈悲心，便是這種無懼的力量。敏感、細膩，甚至銳利的洞察力，不是讓你更加脆弱，而是幫助你在地球上實現生命志業與靈魂願景，支持自己、幫助他人，並深刻連結這片土地。

真正的慈悲心，是內心的穩定與無懼。因此，如果你們想知道，如何讓自己的身心不被擾動，首先要學習覺察到恐懼，適當地做深呼吸，把害怕的情緒放下，讓自己的靈魂穩穩地坐落在身體裡。你會發現，其實你並不恐懼。

當你開始能穩穩地坐在自己的身體裡時，你自然會發現那些不是你的學習課題。在這複雜的地球現狀裡，你就不會像旋風一樣讓自己越攪越混亂，不會對號入座。我們常常因為自己的生命印記投射，所以會有對號入座的狀態，其實故事可能不是這樣。但我們習慣因為恐懼而防衛、自我保護，用暴力或其他方式去反擊。

點燃生命的熱情

接下來是豐盛之流的傳訊。祂邀請我們雙手打開朝上，放在膝蓋上，單純地接收和聆聽。

有多少時候，我們因為金錢，與別人鬧得不愉快？因為金錢而對人性感到失望？因為金錢，我們感到辛苦？所有的奔波，幾乎都是因為還沒有辦法順流而行、感到放鬆。

但你知道，在所有顯化和創造的過程中，你的心應該時常充滿熱情，這樣做任何事情，才能走在靈魂的道路上。

⊙理解與淡化匱乏感

如何點燃自己生命的熱情？而熱情又是如何被堵塞和澆熄的？

有熱情就會有行動，有熱情就會有信心。

擁有一份自己喜歡的工作或志業，真的會長期處於匱乏嗎？這種匱乏可能來自於家庭，也可能是靈魂的記憶。這種匱乏可能是上天給你的最大禮物，讓你學習生命真正的喜悅。

當你的靈性一直在被提升時，你的靈魂必然會有一條道路，就是在物質與靈性之間學習其中的智慧。

所有的靈魂都會學習匱乏，而匱乏是為了讓你明白，你的靈魂和你的身體正處於一個不合作的狀態，因此你才無法運用豐盛之流來顯化生命。

匱乏還有更深層的原因，來自於你的海底輪、臍輪。這表示你與這個地球有約定，就是重新認識彼此，甚至更深刻地認識對方。所有的下三輪脈輪都與生活物質生存有關，而匱乏就是要讓你面對「你與地球未能好好和解、彼此認識」之處。從靈魂的角度來看正是如此。因此，我們會鼓勵你們，匱乏是念頭的一部分，要學習去理解它。

當你驚慄於匱乏、恐懼匱乏之時，請不要讓這個意念占據你的整個腦子或行為，而是將它從你的意識中淡化。所有能夠推動豐盛之流的人，都是因為他們對匱乏的意念非常簡化，沒有多餘的阻礙。因此，能夠推動豐盛之流的，通常不是那些想得太多的人。

如果「想太多」是你的專業技能，那你就必須將它傳遞和展現出來，這樣它就會成為你的才華天賦。但當你的想太多累積到無止境時，請一定要幫助自己，運動、靜心、時時覺察，找一個方法將你的困擾表達出來，或者書寫下來。

淡化匱乏之感

1. 在滿月前三天，把所有的煩惱寫在紙上，帶著慈悲心去看待你的障礙。

2. 接著，將這張紙悄悄地燒掉，送給你的守護者們，表示你有意願想要改變。

加強底氣

我是 **AFA** 高靈，在所有傳訊的過程中，請你深刻感受我與大地帶來的力量，這力量可以振動你們的下三輪，在底氣的部分。

讓靈魂能夠安穩地坐落在身體裡，這是我們能夠盡全力幫助你們的，因為這就是「底氣」的開始，也是我們能力所能完全勝任的。

葉子支持轉化法

1. 當你感覺到需要覺知時，將心收回來，拿一片綠葉放在手掌心。

我曾說過，樹其實是一種非常重要的支持力量，而葉子就是生命滋養你的來源，它是更直接的。

2. 你不可能一整天摸著樹，但可以把葉子放在口袋裡，沒事就握著它。這是為了讓葉子與你的掌心、你的靈魂，以及我們今天所有的約定緊密連結，希望它能安穩地坐落到你的身體上。

這是一種方便的方式，葉子就代表了你們的意願。我拿著一片葉子，放在掌心，或放在口袋，沒事就握著它。我寧願傻傻地相信一片葉子能支持我的轉化，也不願製造是非口舌，或創造情緒。我不想胡思亂想，讓自己的生命停滯不前。

當你能夠在行為上活在當下，駕馭自己，你就是能讓這股能量推動你，而不是讓自己陷入潛意識的控制。

因此，滿月前這三天請不要喝酒，酒是一種特殊的力量，需要在正確的時機使用。我不建議你們在療癒後或滿月前夕飲用酒精，因為當前地球的磁場不太穩定，你喝酒之後不會感到快樂，而是讓很多未被療癒的東西浮現出來。當這些東西浮現出來時，你最好能趁勢療癒它，讓自己成為一個更好、更完整的人。

⊙天天歸零

有些人認為自己很常做一些無謂的事情，搞得瞎忙一通，這樣是否離真正該做的事情越來越遠？

我是豐盛之流，想要提醒你，生命中本來就是在做很多事情。有些事情可能不是你真的想做，但你需要去給予能量支持，或者去完成它們，甚至去收拾它們。這是你靈魂學習的一部分，是為了讓你學習那些你曾經無法完成的事情，鍛鍊你的靈魂，使你能夠承擔起一些責任。

隨著時間的推移，尤其是進入中年後，你會逐漸明白自己心裡真正想做的事情。但在此之前，你需要在實際行動中鍛鍊自己，慢慢進入更覺知、更清楚靈魂要做的事情。

如果拉回整體，你在恐懼什麼？這種恐懼是所有人都會有的，但同樣也是不必要的。比如你如何辨識出自己是在瞎忙？如果你發現自己的能量透支，感覺無法達到精純的狀態，那就是瞎忙。瞎忙的狀態中，沒有力量中心，所以影響力無法凝聚，很零散。

這需要做很多觀想，或者穩定你的底氣和內在中軸。還有，靜心是人的身心靈整合的一個重要方式。或者你可以做瑜伽，只要能讓你的身心稍微休息，就能讓自己重新獲得整合的機會。這就是所謂的歸零，而天天歸零是非常重要的。

大家都太忙了，尤其是生活在亞洲的朋友們，被賦予了一個「要非常努力，並且功成名就」的概念。

所以，當你用左手掌心放在你的左後腦勺時，請你嘗試聚焦在感受你的左手掌心的感覺。後腦勺左邊其實代表著一個純淨的地方，當你持續療癒它時，釋放了很多恐懼和缺乏安全感，它會讓你容易感受到愛和感恩。因此，你可以在睡覺前嘗試放鬆，然後探索或感受它，但不要批判它。你要相信自己，給自己時間，給生命時間。

當你認為自己在瞎忙的時候，我們可以去清理它。因為只有清理之後，你才能真正知道自己想要什麼。

能量平衡靜心

當陽性能量（行動力）與陰性能量（直覺力）平衡，人就不會瞎忙，所以接下來豐盛之流能量場要帶領一段「能量平衡靜心」。

1. 首先，將意念集中在眉心輪。在這個過程中，請穩穩地坐好，雙臀牢牢地放在椅子或地板上，雙腳平穩著地。當身體達到平衡時，氣息將變得流暢，運氣會自然增強，靈魂安穩地座落於身體，氣場也將更容易流通。

脊椎與身體的骨架是需要特別留意的部分。尋求專業協助，避免使用強硬手段，應以專業且溫和的方式來保持骨骼的平衡。你可以透過運動、鍛鍊核心肌群，或調整頸椎來達成這一目標。骨架的平衡與先天體質相關，但我們有能力透過後天努力進一步改善它。

2. 請穩穩地坐下，雙臀放在椅子上，感受肩膀的放鬆，頭頂也同樣放鬆。持續進行深緩的呼吸，深吸，深吐。

3. 注意額頭的放鬆。然後是鼻子，感受嗅覺的無限擴張。在深呼吸時，吸入天地精華。吸氣，停留在鼻尖。

頻繁使用嗅覺的人往往會更具直覺，因為嗅覺能感知人的氣場。

4. 將舌尖抵住下齒排後方的牙齦，同樣深深吸氣，然後用鼻子吐氣，讓舌頭保持在下齒的牙齦後方。現在，感受一下自己的肩膀。

請以能量去感知，身體是否左右平衡。即使你的身體是歪斜的，也要讓能量保持平衡，這樣它就不會影響你的底氣與運氣。

5. 將注意力轉移到喉嚨。喉輪是展現才華與聲音傳遞的重要能量器官，所有的創意與靈感都來自於表達。將意念放在喉輪，然後進行一個連結：想像喉輪有兩條金色的線，連接到你的左右後腦勺。

我希望後腦勺的所有生命故事，能夠在表達你們的才華和天賦時更加豐富，讓你們擁有更多層次。同時，表達也是一種自我療癒，也是在幫助別人。

6. 往喉輪的後方就是頸椎的部分，從後頸開始，想像這兩條金色的線沿著脊椎往下，直到尾椎。在這個過程中，慢慢地感受到左右的能量正在平衡。這需要花一些時間。

如果你在身體某個地方，感覺卡卡的不順，全身不對勁，失衡了，我們就停在那個地方。覺察著它，陪伴著它，與它在一起，直到它鬆開，再繼續往尾椎走。

如果在某個地方，你感到心慌，或常常對能量敏感而心慌，或者莫名其妙地心慌，那就在後心輪與尾椎的地方，注意這種感受。心慌與焦慮是相似的。

1. 現在，把你的意念集中在後心輪，也就是脊椎的那一部分。當你深呼吸時，感覺有一股療癒的力量將這裡釋放開來。

深深地吸氣，將今天滿滿的能量吸進來。集中意念，將這股能量導向你的後心輪。所有心靈的傷痛、所有身心的敏感，我們都一一釋放。

心要開，運氣才會好。深吸一口氣，感覺有金黃色北極的力量和靛藍色的力量，以及其他許多力量進入那個地方，將其洗刷乾淨。一個一個鬆開，你充滿了力量，你被支持著，並且正在蛻變與療癒。

2. 接下來將意識帶到尾椎。

尾椎是極為重要的部位，它象徵著原生家庭與母親的力量。無論男女，尤其是肩負重責的女性，往往承載著許多壓力與責任。尾椎不僅與大地母親的連結息息相關，也承載了來自原生家庭母親的能量。我們需要與母親建立一個和諧、互補或圓滿的關係。

有時候，我們會重複母親的選擇與模式，有時則直接承襲她的特質，彷彿被命運束縛。因此，釋放尾椎的能量，療癒內在、完成蛻變，學會掌控這份力量是極為重要的。

3. 吸納所有力量至尾椎，並相信智慧會自動賦予你本來所需的一切。當你吸氣時，讓氣息緩緩進入尾椎。如果你有椎間盤問題、尾椎或骨盆不正，請專注於氣息的流動，讓身體逐步調整。記住，要以溫和且細膩的方式對待自己的身體。

4. 持續地深吸氣，然後在心中深深地祝福並感恩你的母親。感恩她給予你生命，撫養你成長。如果你是由養母撫養，也請感謝養母所帶來的愛與洞見。

在此過程中，感受被支持的力量，感覺到自己正在變得更強大。同時，將這份支持回饋給你的母親和原生家庭。

如果你夠敏感，可能會感受到母親尾椎的能量，這種感覺常在你思念母親時與你重疊。對母親說：「辛苦你了，感謝你在那樣的時代裡承擔一切，為我帶來生命的延續。」感謝母親給予你生命，並成為你的榜樣。她的存在讓你知道，你也可以成為一個充滿光芒與愛的存在。

如果你對母親懷有怨恨，試著慢慢釋放，因為怨恨母親就像否定生命的根源，來自尾椎火的原動力，這將讓你的生命起伏不定。試著理解母親的脆弱與難處，接納她無法自救的痛苦。隨著這份理解，逐步釋放自己的情緒。你不需要立刻擁抱她或與她生活在一起，但釋放怨恨後，你會看到她靈魂的真實面貌。這正是千手觀音教導我們的慈悲與共感。

5.接著，我們向大地母親獻上感謝。全然地臣服並信任地球上的一切蛻變過程，無論光明或黑暗，我都選擇看見，並深深感受到自己被支持著。告訴自己：我不慌亂、不盲目、不逃避；我穩穩地走在自己的生存之道上；我需要大地母親的智慧加入支持，來洗滌心靈，釋放對生存的恐懼。

6.最後，深深祝福那些賦予我生命的世代祖先，感謝他們的力量與智慧傳承，讓我走到今天。

火的力量

⊙撼動靈魂的言語

接下來，我們進一步延伸，善用這些特殊的力量。

人類是很偉大的存在，透過聲音便能將能量記錄下來。因此，聲音和語言尤為重要。許多隔閡與誤解都源自言語，如果我們夠靈敏，就不會對號入座，不會進入傷痛本身。一句無心的話語，往往會被誤解或引發不適，進而造成人際關係的疏離。

靜心：發出靈魂的聲音

1.請將你們的意念聚焦在喉輪上。當意念聚焦在喉輪上的時候，我希望你們吸收所有大地的精華，綠油油的森林、神木的能量。

這些充滿活力的能量將幫助你們打破自我的局限，不恐懼，將機會轉化為扭轉乾坤的力量。也許一開始你覺得不舒服的合作，但可以改變它，讓它從大樹，慢慢變成繁茂的森林。這需要一個健康的喉輪，它會充滿影響力和吸引力。我們要發出具有靈魂品質的聲音，因為它會打動人心。

如果以上你能體會到，你不覺得自己離實現夢想非常接近嗎？因為人們已經聽到了、嗅到了你喉輪發出的美麗頻率，這正是靈魂的聲音。

2.我們聚焦在這裡，一同吸氣，然後慢慢用嘴巴吐氣。當你吸氣時，你會感受到力量進入身體，並將意念放在喉輪。這樣一來，它就能逐一解開那些阻礙你表達的束縛，讓你解放被封鎖的靈魂天賦。

或許你因為恐懼而缺乏自信，或是因為等待別人發現你，而變得被動。我們要將這種被動轉變為更真誠的表達。

來到的是上次課程中的森林守護者，因為祂擁有一種力量，可以幫助人們說出撼動靈魂的言語。靈魂其實非常純粹，虛情假意的言詞是無法被接納的，但來自靈魂的肺腑之言卻能撼動人心。

這與夢想的顯化有著直接的關聯。就如同你在進行手作時，你的所思所行，以及灌注在手作、寫作、演繹和說話中的靈魂力量，讓你綻放著熱情與光芒。那怎麼可能不顯化呢？

3. 繼續吸氣，想像充滿綠色光芒的能量療癒著你的喉輪。

4. 最後，吸入所有森林的綠色光芒，讓它充滿你的頭部、喉輪和心輪，然後慢慢進入太陽神經叢中，放鬆，再放鬆，充滿你的尾椎。

這是一次綻放與擁抱喜悅的過程，我們將所有的焦慮回歸大地，轉化為大地的能量。現在，綠色的力量正在洗刷你們長期累積的壓力和痛苦，想像它流向大地，進入地心，被火焰完全融化。

你所釋放出來的，將成為地心的力量。在你與大地之間，在你與其他生命之間，願火的力量消融你們之間的障礙，祝福你們。

⊙ 火焰的轉化力量

以上靜心活動最終目的是引導大家了解，關係可以透過你的意念或靜心冥想來轉化。

在靜心的過程中，我們進入一個較為穩定的頻率，你可以想像自己與那些經常讓你感到挫折的朋友、關係有障礙的親人，或是你在意的親密伴侶之間，能夠感受到來自地心深處火焰的轉化力量。

當你們之間的印記、障礙，逐漸消融、融化、燃燒殆盡時，請相信我們：當你有意願去改變的時候，你會發現你們之間緊繃的能量場、能量線會慢慢鬆開，從而達到一個「可以用心感受對方」的境界，許多事情便會迎刃而解。

有意願去進行這種轉化的朋友，也證明了你有足夠的底氣，因為你相信能讓生命變得更美好。

現在，我們慢慢結束這段旅程，將意念回到眉心輪。

當意念集中在眉心輪時，我們想像有一道鑽石般的光芒從眉心輪發射出去，這道白色靜謐的光，就如同北極光的顏色。祝福大家在未來的每一天，都能夠由宇宙，透過你的靈魂，給予你直覺和靈感，來引領你的生命。

③ 扎根：在環境扎根，與身體連結

今天的主題圍繞豐饒、喜悅、大地、身體，以及如何與地球共處，共創和諧的狀態，讓身心內在達到平衡。

我希望透過這場傳訊，喚醒大家與大地母親和諧共處，並建立更親密的聯繫。我不會拿起你們在地球上所做的每件事來教訓你們，因為萬事皆有兩面。當我們以更廣闊的視角看待人類與地球的關係與緣分時，就能理解自己的心、器官、身體與感知力，為何會如此地在這個星球上呈現。

穩定陰性能量，運用陽性能量

⦿避免情緒失控

請大家閉上雙眼，將左手掌心朝下，放在左膝蓋上；右手比出如附圖「OK」的手印，然後由左向右、由內向外翻掌，讓掌心朝上，輕放在右膝蓋上。

這個動作代表什麼呢？它是一個結界的動作。當你身處喧囂的環境，或面對地球動盪、集體意識過度繁忙的時候，你可

以在一個空間裡，用這個姿勢幫助自己穩定陰性能量，也就是陰性半邊的力量往內收，讓陽性能量穩穩地支撐著自己。

為什麼陰性能量需要內收呢？因為當你的陰性能量在氣場中非常敏感、脆弱，且感知力過於強烈時，若沒有陽性能量的穩定支持，就容易過度敏感，進而引發不必要的反應。

如果你並非過度敏感，卻處於一種無法與內在真實聲音連結的狀態，那可能是因為你的陰性能量一直向外敞開，而缺乏適當的覺知。這樣不僅可能導致能量流失，還會使你在所有對話與行動中，像是失去了與內在本質的連結。試想，這樣的工作品質、忙碌生活，甚至與地球的聯繫，真的會是理想的嗎？

大地母親，顧名思義，與我們的陰性能量有著深刻的連結。如果我們能夠保持陰性能量穩定於內在的中軸，就能避免頻繁失控或情緒爆發；相反地，我們會擁有更深刻的覺察力，清晰地洞見自己的起心動念。

在團隊中，當你能感知到自身的存在，你便能展現出最具智慧、最具正向能量，以及最友善的一面。這種狀態不僅能影響他人，還能引導整個團隊朝著更清晰、更和諧的方向蛻變。一個能夠展現內在神性並影響世界的人，其實已經在完成一件偉大的事情。

地球人與地球的關係，就像客人與主人的互動。我們無私地祝福每一位客人，希望他們成就靈魂的光芒，彰顯生命的價值。同樣地，我們也期望每一個人能夠分享自己的內在靈魂，通過人類的經驗與內心的質地，將這份純粹，無私地散播給更多人。

當每個人都能與自己的內在神性相處，並將這份連結運用到金錢、成就、健康、愛情和家庭中，世界將變得更加和諧。如果每個人都能讓內在的光芒盡情綻放，這個世界就會如同預言中所描述的，所有人都擁有心電感應。這是內在神性加上鍛鍊而來的品質，這樣的品質是開放的、無懼的，也是一種能在關鍵時刻超越小我、全然付出的力量。

這是一個理想的世界，我之所以提到它，是希望能激勵大家，讓我們從內在開始改變。雖然我們談論的是人類與地球的大層面訊息，但最終我真正想談的，是你們內心的小宇宙。我要對那個內在的世界說：每個人都可以窺見自己的力量，從內心迎接神性的光芒，並與這份神性連結，發展出無限的創造力。

這種創造力是誘人的，它承載著地球的記憶，也具有深遠的影響力。然而，在這個世界中，我們常被分類、限制，甚至讓我們的想像力被大幅束縛。於是，成功的樣貌被固定，功成名就、名利雙收成為人們追逐的標準。然而，真正的成功並不限於此。

⊙讓身體健康

今天要討論的另一個主題是「身體健康」。為什麼在談豐盛之流時，會特別提到身體健康呢？其實，所有的智慧與訊息，無論是在人與地球之間，還是宇宙天地人之間，都有一個非常重要的觀點：生病並非單純的身體現象，而是能量場、肉身與靈魂共同編織出的故事。它代表靈魂在這個地球上的選擇，提醒我們有待突破的經驗，就如同地球外在形式的變化可能引發戰爭，而戰爭摧毀建築物的同時，也喚醒了人們的慈悲心。

除此之外，我們還需要理解一個深層的原因——為什麼右手需要以特定的方式放置？因為陽性能量需要與大地的智慧連結，透過陰性能量的內在覺察，進一步發展出穩定且具智慧的陽性能量。而這種陽性能量，不僅僅是外在的強大，更是一種真正永恆的力量。

一個人在世俗中功成名就，展現陽性力量，這是美麗的表達；然而，我提到的「永恆力量」，存在於無形的靈性領域，超越肉身與輪迴，致力於宇宙的和諧與平衡，是我們存在的意義，是宇宙中獨特且不可取代的一部分。

當我們以這樣的方式運用右手，它便如同佛手印一般，既在守護自己，也在智慧地運用陽性能量。這股力量是經過深思熟慮、精心鍛鍊而來的；它的展現總是恰到好處，既不過度，也不失力量。當一個人能夠達成陰性能量與陽性能量的平衡，便會與身體產生深刻的連結。

這種平衡將賦予人強大的自癒能力，並使其影響力倍增。他會處於一個和諧的能量流中，能量從右側進入，經過內在的消化與轉化，再從左側流出，最終融入地心，回歸大地。

這樣的能量流動是自然且有序的，而我們的每一個起心動念、每一次能量的流轉，都忠實地記錄在我們的生命脈絡之中。

表達內在真實的聲音

剛才傳遞訊息的是豐盛之流的能量場，接下來加入的這位，祂是我在溫哥華旅行時，與一片古老的大樹連結時感受到的存有。這是一片極為原始的大樹森林，當我與它連結時，內在湧起一股強大的力量流入我的身體。

當這股能量使我的腹部漸漸變暖時，我收到了一個重要的訊息。祂告訴我：「在一切可能顯得千篇一律的生命百態中，唯有那些無懼、充滿信任，且誠實、謙卑、慈愛的人，才能超越困境，邁向靈魂的永生與合一。」當我與這棵大樹連結時，祂對我說了這一段話。而現在，我將頻率轉交給祂，讓祂親自與你們分享。

維持天地

我是北美最北端的一棵參天大樹，我希望支持你們每一位，勇於表達內在真實的聲音。

當關係中充滿太多來自頭腦的雜音，溝通變得困難時，我看到許多人選擇沉默、撕裂，甚至抗爭。

然而，有一種表達，是老天能聽見的，是大地會支持的。當你的雙腳踏在地上與大地連結，這聲音是你內在的真實力量。一旦人們運用這種表達方式，它將帶來改變。

這聲音會讓你明白，真正的豐盛不在於數字的龐大，也不在於掌握多少物質財富。當人們運用喉輪這份老天聽得到的表達方式，這些在你創作的過程、工作的過程中，它就會充滿喜悅、靈性，以及與人溫暖觸動的交匯。這才是真正在過程中享受豐盛的喜悅。

那麼，該如何運用這個聲音？

⊙ 啟動喉輪的天賦

請各位閉上雙眼，我們一起進行對焦。祝福你們，讓生命擁有堅韌的底氣；祝福你們，如同參天大樹般，挺直、穩健，能量充沛地向上伸展，連結宇宙中最美麗、最豐盛的力量。

現在，將意念專注於喉輪，也就是位於頸部、負責表達的能量中心。讓你的喉輪安靜下來，感受這份平靜。老天並不會回應你頭腦中各種欲望的期待，但老天能夠聽見你靈魂的渴求：渴望資源、期待成長，以及希望擁有豐盛人生的純粹意圖。這是天地真正能聽到並回應的訊息。

我們需要學會下對「訂單」，表達出老天會回應的內容。喉輪是一個神祕的能量中心，它藏著你累世蓄積的才華與天賦，各種展現的可能性都深埋於其中。同時，喉輪也儲存著許多情緒，連結著靈魂的願景。因此，當喉輪真正敞開時，無論是創作的作品、領導的團隊，或是給出的指引，都會蘊含強大的影響力。

那麼，什麼樣的人能擁有這樣的影響力？當你安靜地感受喉輪的能量，並在此刻歡迎靈魂與它深度連結時，你會發現，在這神聖的場域裡，一切都可以以平安、喜悅的方式發生。臣服、信任、交託。我歡迎我的靈魂與這充滿才華的喉輪連結。

你是否曾思考，為何有些人的才華能在此生綻放，而有些人卻選擇隱而不顯？又為什麼有些靈魂甘於平凡，拒絕成為人類意識中耀眼的存在？其實，靈魂總會在不同的生命狀態中，以獨特的方式表達自己。因此，從更高的視角看，平凡與不凡的分別並不存在。

真正的才華在於，一個人是否願意啟動並展露藏於喉輪中的各種天賦。這需要靈魂深刻地理解自己與地球之間的關係，並以謙卑的心態，帶著貢獻大地的意願，讓自己的光芒自然流露。

純粹的分享，精準的表達

我一直在強調「分享」，一種無私的分享與貢獻。這種分享並不是被數字或條件所限制，而是來自內心深處的純粹行動。它將你的天賦和靈魂所賦予的才華，以最純粹、最簡單的方式表達出來，專注於內在的精煉，慢慢地流露，直到有一天在某一世能夠完美展現。

然而，也有一些靈魂來到地球，並不追求成為什麼，他們只是想走走看看，體驗人類的生命過程，感受生老病死的種種。他們選擇了這樣的旅程，並沒有對錯。一旦離開肉體，在我們樹的視野中，所有靈魂的光芒都是平等的、不分彼此的，沒有高低之分，也沒有任何束縛或負擔。

所以，你選擇當人類，而我選擇成為一棵參天大樹。因為我知道，無論角色如何，我都能以自己的方式支持這片大地，支持我所遇見的每一個存在。人類的多樣性則讓你們擁有更多方式來影響世界，支持彼此。

當我們開始透過喉輪與靈魂連結時，你會感受到，這是一種不同的表達。試著發出聲音，比如呼喚自己的名字，將聲音的頻率調整為向內，而非向外。這並不是一種技術，而是一種自然的過程——讓聲音從靈魂深處流出。當你這樣做時，你會發現，這種聲音與頭腦中的喋喋不休是截然不同的。

健康的喉輪，能適切地調整聲音的頻率，讓它成為內在與外界之間的橋梁。我們可以進一步設定意圖：允許那些累積在喉輪中的天賦、才華與可能性被釋放出來。

一開始，這些貢獻或許是為了討好父母、滿足自我；但隨著靈魂的成長，當聲音與靈魂的意願相連時，我們會更加精準地表達自己。那時，我們的聲音不會浪費在無意義的話語中，不會辱罵、不會八卦，因為我們學會珍惜自己的能量。

珍惜能量，是讓自己更有智慧地運用這一世的生命。我邀請你們花些時間，在自己的空間裡，輕聲說出幾句話，或者念出自己的名字，感受與靈魂連結的聲音是否有所不同。

聲音是最直接的表達工具，它能帶來深遠的影響。這份影響不應被頭腦的限制所束縛，而是來自內心深處，可能是一份愛的傳遞，也可能是一股說服人心的力量，無論大小，都有它的價值。

當聲音擁有老天能聽見的品質時，你就在這流動中，不斷進行內在的蛻變與外在的創造。你的陰性能量、陽性能量、智慧、直覺，以及喉輪中深藏的能力，將得以充分展現。

現在，請將左手輕放在喉輪上，我們一起為喉輪進行清理與釋放，讓它煥然一新，準備迎接更多豐盛的可能。

⊙發自內心的真誠表達

喉嚨開展的人，通常不缺錢，因為他們隨著肉身誕生於地球時，便帶來了自己的天賦。他們深知，只要展現自己的力量與能力，老天自會讓他們衣食無憂。

然而，有人可能會問，經濟上正面臨困難的人，是否也與喉輪相關呢？答案是肯定的。這個世界上，有些人憑藉能言善道，在短時間內獲得利益，但這種方式往往流於粗糙，缺乏深遠的影響力，因此難以持久。

今天我們要談的，是發自內心的真誠表達。即便只是一句關心，也能觸動人心。這樣的聲音不僅能讓老天聽見，也能讓人們感受到你的真心。

真誠表達的練習

1. 請將左手輕放在喉輪的位置，用意念說出你的名字、出生日期，並回想你靈魂最深的願望。

   靈魂的願望，其實就是利益眾生，並在地球上達至圓滿的生命旅程。這份願望是靈魂自始至終不曾改變的目標。

2. 接下來，回到現實的物質世界，對自己下達一個清晰的指令，例如：

「我是（你的名字），出生於（出生日期）。我願意展現並提供我所能的一切。我希望成為一個付出與成功的人，並用我的才能在地球上做出貢獻。」

如果你只對老天說：「我想要三棟房子。」老天可能會聽不清楚。這不是因為祂不願意成全，而是因為這樣的聲音來自於集體的期待、頭腦的需求，或他人的投射。

老天會給你時間，幫助你釐清自己的真實目的：你來到地球究竟是為了什麼？

我也想直白地說，所有的身心靈修行，其核心目的就是讓你在這一生中認清自己：我是誰？我在哪裡？我正在做什麼？我為何而做？我能夠提供什麼？我接受了什麼？我又體悟了什麼？因為當生命走到盡頭時，所有來自物質世界的恐懼、疾病與痛苦都將變得輕如鴻毛。無論你曾經完成過多麼偉大的事情，唯有一個問題會永遠刻在你的靈魂歷史上：

「我來到這個世界，我用自身的力量給予了什麼？」

永恆的生命在靈魂中記錄著永恆的聲音。

3. 請將左手放回膝蓋，右手比出「OK」手勢，輕放在眉心輪的位置，拇指與食指圍成一個圈，輕觸你的第三眼。

永遠不要因恐懼而創造更多恐懼，也不要因過去的生命經驗而背負不必要的包袱。許多身體的病痛，正是因這些未被釋放的負擔所累積而成。

連結宇宙的直覺力

作為參天大樹，我的靈魂目的是支持各位打開清明之眼、靈魂之眼，以及直連宇宙的直覺力。同時，我將協助喉輪中所有的能力與天賦被喚醒，讓你們能夠對焦於宇宙的高維度流動，比如豐盛之流。學習接受從宇宙傳遞而來的靈感，結合過去累世的學習與智慧，並透過右手連接的直覺力，成為一個行走於地球上，帶著光芒與至善意圖的人。

⊙「喉輪」連接靈魂以調整頻率

當這個頻率被對焦時，我也想偷偷告訴你們一件事：

有些朋友或許覺得自己總是在生命中遇到錯的人——與伴侶的頻率不匹配，彼此無法互相珍惜或共振。你可能會疑惑，這是否是靈魂在迫使你一再重複這樣的情況？

答案是否定的。人生的藍圖中，靈魂確實設下了許多選擇，而這些選擇早已記錄在靈魂的計畫中。但請記住，你的選擇權是多樣的，永遠有足夠的可能性讓你突破當下的限制。

然而，如何讓自己的頻率提升，飛向更高的維度，而不是在低頻中徘徊？這是需要主動努力的事情。吸引合適的人或經歷，不是靠等待就能發生的。當同樣的功課一再發生，第一次、第二次，甚至第三次時，如果我是你，我不會再浪費生命與時間。我會選擇往內探索，調整自己的頻率，對接到更正確、更高的能量流中。

靈魂並不是為了折磨你而讓相同的事一再重演，而是在一次次的經歷中，幫助你覺醒，讓你學會擁抱真正的自己。靈魂的目的是：在這些重複的體驗中，等待你醒來的那一刻。當你願意對頻率進行調整，改變就會隨之而來。

所有的輪迴，不是為了承受無盡的苦難，而是為了將苦難化為最補的藥，賦予自己無窮的力量。真正的解脫來自於你的意願，而不是依賴求神問卜或算命，去預測下一次困難何時到來、又該如何避免。

當你理解了生命的法則，就會明白，宇宙與地球在二〇一二年後經歷的迅速蛻變中，許多藍圖已偏離原有的軌道。這些變化中有些帶來極大的正面影響，但在大轉變中，負面的能量也可能被放大。因此，我們要成為能夠開發內在潛能、轉化挑戰為成長的人。

4. 現在，可以放下「OK」手印。

靜心：喉輪連接靈魂

1. 請再度靜下心來，將喉輪更深地連接到靈魂。或許這聽起來有些抽象，但當你的意念專注於喉輪時，可以感覺到有一條能量的流動，從喉輪向脖子後方延伸，與靈魂相連。在這專注的過程中，請深呼吸三次、六次或九次，透過鼻子吸氣，再用嘴巴吐氣，同時意念持續專注於喉輪。

當你懷著清理喉輪的意圖時，宇宙會自動回應。要知道，當你敞開心扉並渴望內在提升時，精神團隊總會聽得最清楚，並迫不及待地幫助你，這是因為你的意圖直接連接到宇宙的本質。但如果你的心仍然困在焦慮之中，比如：「為什麼要這樣對我？為什麼她是我母親，我恨她！」這樣的執念會模糊你的感知，需要時間去釋放。

請記住，一棵參天大樹是獨立成長的。即使面臨風雨、地震，或是人為的砍伐，依然堅毅地生長，因為參天大樹深知，無論環境多麼嚴酷，生命的本質是持續向上、向外延展。

這正是我們待會兒要探討的臍輪力量的核心：穩定與成長。

2. 現在，將意念聚焦於喉輪，保持安靜一段時間，伴隨深吸深吐，在心中設下一個意圖：

「我想成為對自己、對家庭、對社會、對地球有貢獻的人。」

3. 邀請精神團隊、守護神、天使、精神導師與上師們進入這個空間。清晰地告訴祂們：

「請療癒我，療癒我的恐懼，幫助我成為一個有力量、有貢獻的人。」

⊙ 力量中心「臍輪」的穩定與成長

除了喉輪與我們剛才進行的內容，最重要的重點在於下三輪。我們需要讓底盤的能量更加穩定。這與豐盛之流有何關聯呢？事實上，它不僅影響豐盛之流，還直接關係到所有生命現象、面向的平衡與和諧。

靜心：穩定臍輪的力量

1. 右手比OK的手勢，放在第三眼的位置，並設定一個意圖：
「我與我的精神導師團隊在智慧上是連結的。」
2. 靜靜地感受這份連結，然後用意念傳遞到你的喉輪，說：
「我請求我的精神團隊療癒我，釋放喉輪的束縛。」
3. 接著，將左手手掌放在臍輪（肚臍）上，設定另一個意圖：
「請支持我臍輪的釋放、清理，並展現內在力量。」

在這傳訊的場域中，現在有另一位存在加入，雖然他不是我最常接觸的能量，但他與我多年前在埃及金字塔與國王陵墓中連結的力量有關。埃及金字塔具有強大的能量，在建造與堆疊過程中，每一處都考量到能量的流動。

金字塔冥想

1. 請將雙手輕放在臍輪的位置，靜心感受。

埃及的吉薩金字塔座落於一個獨特的能量場中。對能量敏感的朋友，或許能感知到自己在另一個平行宇宙中的存在狀態，這種存在也可通往多次元的門戶。在這片空間中，我祝福在場的每一位，願你們與這份能量深度共振。

我相信，埃及金字塔是地球上永恆的能量建築之一，象徵著不朽與靈魂的進化。同樣地，今天我們所討論的也源於地球之母，象徵著永恆的生命力。靈魂的成長可以在地球上留下足跡，而我們的每個行為都可能對頻率場域產生深遠影響。

2. 當你將左手放在臍輪時，可以將其視為金字塔內部中心——國王陵墓的位置。冥想中，你的臍輪如同金字塔穩定而強大的核心，而你則穩穩地坐於其中，感受那份力量、平衡與支持，連結地球與宇宙的能量。

3. 感受你的身體胯下，如同金字塔的底面接觸土地，而你的臍輪則位於金字塔內部最有力量的地方。你的頂輪就像是金字塔的尖端，它將帶給你通達天地的能力，穩穩地坐在地球上，卻能接受來自宇宙的所有資源與眷顧。

如果我們從物質界來解讀這種療癒經驗——人們來到這裡進行冥想、靜心、吟唱，這是一種多次元的重要整合——這個場域提供了便利和簡潔的方式。但最重要的是，你的頂輪可以直接通往天聽，而你的肚子力量中心可以穩穩地通往地心，讓自己的胯下感到安穩地坐在地球上，這種安穩就是金字塔本身。當我們感到安穩時，就不會因恐懼或擔憂而堆積壓力，身心會變得輕盈。

・不過度承擔

對於靈性工作者來說，最忌諱的就是過度。當你過度時，要逐一察覺，是否在滿足個人的榮耀感，甚至是在模糊地帶的責任感。如何做到既關注他人，但不承擔他人的能量，也不過度吸收或投射於外界？唯有安穩地坐在那，如同金字塔支撐地球般，才能釋放出永恆的力量和能量狀態。

即使你不是療癒師，在照顧病人時，也能達到這種境界。在照顧病人的時候，你該如何不讓這份沉重過度影響自己？生病無疑是沉重的，因為這意味著，你在地球上的這個載體需要先休息和調理。

即使你不是從事能量工作，我相信也有許多事件會讓你感到負擔過重、過度勞累。肉體狀態本身是有重量的，但我們可以選擇不同的品質，既能提供服務、照顧和支持，同時也能在這股能量流中保持輕盈，繼續完成個人的生命學習，不過度承擔發生的一切。

其實，從一個人的氣場或生命狀態中，就能解讀出他是否背負太多包袱。當你學會縮小自我時，你就不會再去承擔那些不屬於你的負擔，因為你知道，不是只有你在完成你的生命，而是更大的你和整體在完成這個故事。這是簡略和直接的說法，但如何一步一步慢慢達成？

如果你有親人生病，或正在面對複雜的關係，感覺生命似乎總在經歷相同的挫折，無法突破的時候，我們該如何幫助自己？到底發生了什麼？靈魂真的在懲罰你，讓你不斷重演相同的劇本嗎？你的學習是否僅止於此？這一切需要反覆提醒到什麼時候，才能輕鬆應對並跨越關卡？

這一切與你的力量中心——臍輪息息相關。當我們面對重複的情境時，臍輪展現出的力量和穩定性，會直接影響你如何超越這些挑戰。

・支持臍輪釋放的力量

我想分享一些更實際的建議。現在請將左手掌輕放在臍輪的位置，體驗臍輪如何幫助你突破困境，而非被記憶牽絆，讓自己陷入擔憂與恐懼。希望透過這個練習，為大家注入金字塔的能量，以及支持臍輪釋放的一股特別力量。

其實，有感覺與無感覺，從本質上來說是相同的。我們並不存在什麼「麻瓜」或「非麻瓜」的區分，我們只是單純地在此時此刻存在於這個宇宙中。我們的經歷是交會的結果，而神性是無私的，沒有人比誰得到更多或被眷顧更多。當你真正意識到自己是安全的、被無條件愛護時，臍輪的安全感便會自然而然地建立。

去感受一股環繞的力量從腹部升起，與你的臍輪相連。請放鬆感受，我們無條件支持你，你只需要接收、接受、感受。

在面對生命中的重大轉折點時，這一部分至關重要。不要讓自己陷入命運的循環。我們要成為能跳脫命運、駕馭命運的人。

靜心：讓內在穩定

當你處於巨大困境，或渴望生活更順遂時，需要的是更穩健的態度、更強大的內在力量，並且具備清晰的遠見。不要欺騙自己的心，也不要因為害怕而迷失，忘了初衷。

1. 請將左手掌心放在臍輪的位置，讓自己安靜片刻，去感受內在的力量。

如果你們開始感受到靈動，嘗試讓自己穩穩坐著，不動。有些朋友可能會打嗝，或有其他身體反應。我們要將意念放在下盤，讓髖骨與大地連結，讓臍輪成為力量的中心，將意念往下走，更加落地。請先不要有動作，若有想說的話，先將這股欲望內化到身心中。

2. 深深吸氣，心懷感恩。深吸氣，將氣吸到肚子裡，然後將內心的恐懼透過嘴巴吐出，讓它流向大地，成為大地的熱能與動能。

這樣的清理是多麼好啊，你們被神所服務、愛護和照顧。這樣的呼吸做六次。如果敏感的朋友仍持續打嗝，請將氣往下沉，讓你的身心穩穩地沉入底盤。腦袋放空，隨著呼吸，感覺下盤非常穩定。你的精神和神性團隊會陪伴你，給予你最需要的支持。

3. 在深吸、深吐中釋放所有的恐懼，再加上意念，將這些恐懼流向地心，流向大地，一一放下。那些讓你感到恐懼、憤怒、失去力量的人，其實都是生命中的天使，扮演提醒者的角色，使我們不再被憤怒左右。

4. 深深地吸氣，最終將雙手放下。左手掌心，就像本章一開始的結界動作，放回你的膝蓋。再給自己一些時間，與你的神性同在。

我代表金字塔國王陵墓的力量傳達訊息，再一次地將你們的意念放在臍輪上。許多亞洲的朋友在力量展現中，有許多的包袱和恐懼，我相信這源於文化。

深呼吸，釋放。一個人需要有強烈的意願，不要等到重蹈覆轍時才願意改變。生命不應該只是隨波逐流，失去力量。不，我們要穩穩地坐在力量之上。

深吸，你可以用左手掌心輔助你的臍輪，這樣你會知道自己有多少恐懼藏在這裡。當你安靜下來，靜心時，不要恐懼，不要害怕。路就在前方，你不是一個人。允許更大的流動，讓你的靈魂指引你前進。

5. 深吸、深吐，深吸、深吐。最後，回到原本結界的手勢。

．讓身體放鬆

如果你們希望能夠更深入地體驗，可以進行金字塔冥想。此外，你們可以多喝**檸檬水**或一些不含咖啡因的茶，例如**薰衣草茶**，或者其他有助於睡眠的飲品，這些都有助於讓你們的身體放鬆。

當能量非常強大的時候，我們會在你們睡覺時進行許多肉眼看不見的工作。因此，當這股能量在流動時，你們可以透過**多喝水**來幫助自己。

請關注和察覺你們的情緒，還有一定要保持固定的運動，當然不必選擇激烈的運動，可以選擇散步，每天走個十到十五分鐘。

在此我要提到左手與右手的差異。左手掌擁有強大的療癒力量，因此我請大家用左手。前面提到了許多關於喉輪的問題，現在請各位將左手掌輕放在喉輪上，深吸一口氣，將氣息吸入腹部，然後用嘴巴輕輕吐出來。

祝福各位能夠說出具有影響力、傳達力的聲音，說出更接近你內心初衷的聲音，這些聲音充滿靈魂的振動頻率。

祝福你們在釋放喉輪的過程中，能夠看見自己多年累積的才華與能力，勇敢地暢所欲言，甚至扭轉乾坤。也祝福你們能釋放喉輪中累積的情緒，感受到自己是被深深眷顧的。

⊙ AFA 高靈談靜心

AFA 高靈是我從小到大一直照顧我的高靈，祂表示願意回答大家對靜心的一些疑慮。

・不經意間發生的療癒和提升

我是 AFA 高靈。靜心是為了讓你的身心靈可以更靠近同一個頻率，靜心是為了讓你瞥見內在的神性，並接受內心的指引。靜心的目的是讓你知道，如何釋放那些積存在你的能量器官或氣場中的印記。

在靜心的時候，你們的意圖我們非常容易接收到，因為這是調整頻率之後的結果。當你放鬆的時候，你的潛意識也會接受療癒。當你們入睡時，正是我們連接大家而在工作的時候。原因很簡單，因為潛意識在你放鬆入睡時，與你的生命功課有關的部分，會自然地被觸及。

如果你無法專注於聽取訊息的內容，你可能會進入放空的狀態。當你放空、深沉入睡、身體放鬆時，這些都是療癒的重要契機；而你聽到的訊息，有時是在為你的大腦解鎖。你可能聽完後會感到迷惑，甚至忘記了內容，但為什麼當一個人用粗糙的語言對你說話時，你卻能記住一輩子呢？這其中的不同在於，具有療癒和提升的頻率，能讓許多生命在無痕之中經過，而你內心的變化卻是必然的。

其實，所有的事情都發生在能量之間、頻率之間，乃至於你我之間的引力之中。言語的表達，往往是粗糙的，如果使用粗糙且具侮辱性的言語，必然會激怒你，並且讓你記住那一段狀態，甚至在很久以後，你仍會記得。

一個是在人世間、因果層面上，因果相繼，有因就必有果。因此，我才會說，要學習嘗試說出「老天聽得到的話」。我們所傳遞的就是：什麼叫做「老天聽得到的話」。

其實，靜心是一個非常重要的環節。當你安靜下來，連結到你的靈魂，展現出自我影響力的那個聲音，老天是可以接收到的。有些人會了解到這個奧祕，也許是因為他們的靈魂已經走過很長時間，變得很成熟，所以他們天生就具備這種能力。他們知道如何說出靈魂的聲音，這是老天聽得到的聲音。

但或許，你可能還不明白，太過抽象，無法理解什麼是老天聽得到的聲音。靜心、冥想，然後開始講話，這樣就可以了嗎？

我認為，生命的可貴在於，你們正在認識無形的世界，認識頻率的世界，認識能量的世界，以及宇宙、高靈和天使們的世界。因為在那個世界裡，所有的連結、所有的感動與觸動，都是在不經意間發生的。

在靜心的時候，你可以非常清醒地接受引導，進入一個順流的靜心狀態，這是你的一部分；而在靜心的時候若不小心睡著，這也是你的一部分。你有許多不同的部分。因此，我們並不是要求你必須要怎麼做才能達到最大的效果，而是希望你能用另一種思考模式來理解，在能量頻率之間，如何與自己連結，進入身心的解鎖、重生、釋放與蛻變。

・穿透你的心

我們要講的，不是你聽到了什麼，而是你收到了什麼、懂得了什麼。這個頻率如何與你串接？一個很大的關鍵是——心要敞開。

許多人在連結無形界的時候，腦海中常常會冒出各種疑問：這是什麼？我有感覺嗎？他是神嗎？還是鬼呢？其實，人類的所有意識，大部分都是這樣的。但我們要說的、要穿透的，並不是這裡的概念，而是心，還有你，存在的你，與無形共振的你。

為何當你氣動時，我們希望你能停住、穩住，是因為要你學習，這一個能量場在你體內，是你可以掌握的。讓它穩定下來，而不是一直處於調頻的狀態。打嗝、講天語等各方面的情況都是如此，一直在調頻，太忙碌了。

調頻會有時間的階段，但最重要的是知道，這一個中軸力量的中心在於下盤，身體夠穩，這些接收到的靈感與直覺也會變得清晰，因為它們已經被去蕪存菁，而不是在不同的頻率之間穿梭，導致接收不穩。像很多人在練習接收指導靈訊息時，會產生一種狀態：為什麼祂講的不準？或者是，為什麼祂這樣講，我到底要怎麼做？

許多東西在你用頭腦與它連接時，其實只是欲望的對話。欲望對話並沒有不好，因為在無形的世界中，確實存在一種頻率，真的非常實際地在幫你滿足你的欲望，例如，我怎麼幫你斬桃花？我怎麼幫你過這個劫？但我們不做這些，這不是我們想提供的。

我們想讓你知道，在無形的世界中，有著強大的守護力量，它如何與你對話，讓你產生內在的身心靈連結。

不要再束縛於你所謂的因果層面。我希望你們能成為算命都算不準的人，因為那表示你夠有力量，知道自己是誰、可以做什麼。你不順從於挫折，讓自己變成包袱本身。

睡著也是一種療癒。但當你的潛意識清理到一個程度時，在靜心的時候自然會變得清晰。隨著引導，你會清晰在同一個頻率上，那這個流就是對的流。因此，你有很多不同的部分，不要抓住現在讓你感到疑惑的那一部分，而是給自己開放更多空間和可能性，去嘗試並展現不同的自己。

例如，氣動有時候是非常療癒的，它會引導你舞蹈，或是引導你做一些與調整頻率有關的肢體動作。而這些氣動，例如自動舞蹈，都具有療癒的效果。

靜心的時候，你可以感覺到自己有一些變化。如果你愈常靜心，會發現自己的靈魂似乎會出體。你可以嘗試出體，但在出體之前，首先要練就一個基礎，那就是你的底盤要夠穩。你會明白那個分際，不會在沒有力量中心時，隨意讓自己出體。我所提到的，可能有些抽象，但對於一些敏感體質的人來說，當你在學習接收直覺力的過程中，必須讓它精純化。

因此，這與你的底盤穩定性和潛意識的清理程度有著密切的關係。許多訊息之所以不準確，是因為潛意識在與你進行自我對話。我們可以把這看作是一個療癒的階段，而不是將其視為通靈不準。因為不需要譴責自己，這是生命的一部分，每個人都有可能經歷這樣的過程，只是下一個階段的你，會用不同的方式去突破。

啟動豐饒意識的能量場

今天，我代表豐饒的能量，向每一位美麗的靈魂傳遞祝福。在你們創造豐盛的同時，也與大地建立起深刻的生命喜悅。

⊙ 連結大地能量，清理生命中的負面包袱

如果你擁有才華卻無法守住金錢，或總感覺難以賺取足夠的財富，那麼問題可能出在

你與大地的關係上。大地與人類之間的關係，旨在建立供需的平衡。大地不僅能滿足你基本的生存需求，也能幫助你釋放生命中的負面包袱。

靜心：清除限制性信念

1. 請進入冥想，想像一股紅色的力量從地底升起，如同柔和的龍捲風，環繞全身。這股紅色的力量逆時針旋轉，從腳底一路上升至頭頂，將你完全包覆其中。
2. 接著聚焦於頭部。許多人因為過多的思緒或雜亂的記憶，而困住了自己的行動與心靈。請將意念集中在你的腦袋，感受哪個部位最為堵塞，專注於那個地方，藉助這股紅色的大地能量，將舊有的模式轉化為嶄新的視角與看法。願這股能量帶給你釋放、啟發與豐盛的轉變。
3. 將意念專注於那個緊繃的地方，請你想像，從遙遠的宇宙深處降臨一道銀白色的光芒，像一把精準的能量手術刀。這把光之手術刀將深入你頭部的緊繃區域，幫助你切除那些阻礙與印記。

接下來，這將是一場由你親自完成的頭部能量手術。我們要清理的，是那些由過度思考或不斷投射所引發的阻礙。

也許你的弱點來自愛情，讓你常常將自己置於受害者的角色中，因而感到不安與恐懼。

而如果深入核心，這其實牽涉到限制性的觀念。透過這場能量手術，你會一層一層地挖掘並清除那些限制。

4. 當你完成這個過程時，請用左手將清除出的能量印記托起，然後想像它流向大地深處，化作支持地心的動能。

這不會因為你的原生家庭印記而重複相同的反應。靈魂來到這裡，不是為了讓你受苦或不停地重演家庭的問題，而是要讓你在超越頭腦的限制後，看到更多的可能性，並跳脫舊有的模式。

限制性的金錢與物質觀念，是我們必須突破的障礙。當你收到一筆金錢時，建議你將這份禮物迴向給大地。天地之間本就是一個循環，你行走於其間，既接受，也付出。

一些實際的行動，例如種樹，或是隨手清理你在大地上看到的垃圾，都是對大地的回饋。這些行為，大地會感受到並回應你的愛。你愛護萬物，大地也會以豐盛的方式回饋你，而這正是喜悅的真正來源。要記住，即使有人擁有億萬財富，若未建立與大地的連結，也未必能感受到真正的快樂。因此，與大地建立循環，至關重要。

靜心：清除喉輪、臍輪的堵塞

接下來，我們聚焦於脖子到臍輪的區域。這個範圍包含了你的表達（喉輪）與內在力量的核心（臍輪）。

1. 請感受喉輪到臍輪這個區間是否有堵塞之處。運用銀白色鋒利的能量手術刀，一個個將它們切除與釋放。

2. 同時，注意你的腎臟，這是恐懼的儲存地。我們用同樣的能量手術刀，清理那些長期累積的恐懼，讓你恢復平衡與自由。

3. 請感受你的喉輪是否有堵塞，我們將使用能量手術刀輕輕切割那些堵塞的區域，並將這些釋放的能量透過左手流向大地，成為地心的動能。

4. 接著，將注意力集中在從肚臍下方到髖骨、再到雙腳的區域。這些部位與下三輪息息相關，關係到你的安全感、行動力、勇氣和無懼的狀態。同樣地，找出氣場中最堵塞的印記或舊疾，並在這個能量場域中，讓銀白色的光幫助你釋放那些障礙。

5. 現在，讓豐饒意識的能量場灌注進你的全身，準備接收它。深呼吸，敞開心胸，你會感受到銀白色的光從頭頂慢慢滲透至全身。你也可以將意念集中在那些最堵塞、不舒服的地方，或是你最希望改變的區域，讓這股力量在你的意念引導下到達那些地方。

我們將一個個釋放身上累積的包袱，所有負向記憶也會隨之解除。

靜心：打開洞見

1. 請將意念集中於第三眼，也就是眉心輪，打開你的清明之眼，開啟生命中敏銳的洞見。讓你的第三眼成為最佳的導航器，指引你前行。

2. 當意念集中於第三眼時，對於氣動的朋友們，請保持身體放鬆，穩定地坐著。

3. 接著，將雙手攤開，朝上迎接這最後一股重要的力量——白色的光。這是七彩光的總合，代表著所有光的融合。雙手迎接，心敞開，呼吸平穩，讓骨盆和下三輪穩穩地坐在大地之上。

我們召喚來的這股力量將支持你們的轉變，讓祂的智慧幫助你們蛻變。

這道白色的光來自西藏，是一股強大的力量，可以清理長期積累的包袱。它的智慧能夠幫助你找到並解決你所需要的。

或許你會問，為何都是可以被動地接收？因為這些神性強大，祂們很樂於給予。感受那份力量的降臨，你是被保護的，你是被支持的，你是被眷顧的。放下頭腦的認知，你不是來解決問題，你是來讓自己蛻變，並超越問題的。

讓金錢成為你生命的一部分

‧平衡陰性與陽性

用心將注意力集中於頭頂與尾椎之間，感覺一條直線將它們連接起來，讓自己穩穩地坐在這條中軸上，從頭頂延伸到會陰。這樣可以幫助你逐漸平衡陰性與陽性，讓金錢與豐盛的力量流暢地進入你的生命。

豐盛之流源於你對金錢有全新的思惟。金錢就像是呼吸、吃飯、喝水一樣，與生命息息相關。你需要呼吸，同樣也知道不能沒有它。然而，良好的呼吸和享受金錢的方式，與急促的呼吸、把金錢當作附屬物或占有物的心態，完全處於不同的頻率。

‧打開心胸，迎向更多的可能性

就像駕駛時，車子需要有導航和輪胎才能前進。流動的力量將推動你向前，而你需要願意放開束縛，儲備好自己的能力，並準備好在世間顯化所需的工具。最重要的是，要打開心胸，讓更多的可能性進入你的生命。

金錢與地球的關係其實很密切，地球提供了食物、農作物、礦物、水源、山脈等資源。而金錢和這些有什麼不同呢？我們與金錢之間究竟有什麼樣的關聯？為什麼金錢成為了人類世界中，責命、追求野心、奮發圖強的重要目標之一？

・金錢就像身體器官

如果從今天開始，你的意識中明白，金錢存在於你內在，而不是外在的缺乏，就像你的器官一樣，它與你共同呼吸、共同創造。你會發現，除非某個器官生病，否則你不會感受到重擔。同樣地，你與金錢的關係、你對金錢的態度，是不是也該有所改變？當這個頻率發生改變時，你與金錢的關係將不再是拚命追逐，它自然會流動。

這段話的重點是：你必須先學會愛金錢，讓金錢成為你生命的一部分，就像你的身體器官一樣。隨著時間推移，你會發現金錢與你息息相關，它不再是焦慮的來源。你真正焦慮的應該是，如何讓內在更接近影響力、更療癒、更接近靈魂，以及達到合一的狀態。

高靈能量之所以能夠療癒，正是因為我們與內在神性合一。當你的焦點放在內在，並且有意願行動時，金錢不再是目標或負擔。

・對金錢就像經營關係一樣

在我們的對話中，透過頻率與內在神性交流，與你的印記對話，它們會自然而然地產生反應。在我們的視野與能量交流中，這是簡單且必然發生的。因此，我們開始做一些與金錢有關的小功課，改變意念。這並不難，關鍵在於學會親近金錢，讓它成為你的一部分。

隨著時間，你將會理解我所說的道理。就像經營一段戀情，過程中你會遇到挫折，因為你常常停留在頭腦、喉輪、情緒、記憶、恐懼和身體層面。但如果你能讓眼前的人融入你的生命，將他納入你的內在，你會發現，你不僅在支持自己，同時也支持著這段關係。

我們需要以不同的方式看待這一切，必須相信自己比想像中的更強大。我的內心深處擁有強大的愛，我將這個人或事物納入我的生命，就像我接受金錢一樣。當我真正擁抱它，你會發現它更有安全感；你也會發現，當你有能力給予並放掉自我，去體驗愛，你會意識到，原來我的安全感可以自己創造，因為我擁有能力。這一切是合而為一的。

④ 無懼：維持內在的信任

今天來的北極能量，其實讓我有些心跳加速，頻率也很高，需要適應。而這個適應，正好呼應今天的主題，就是我們的臍輪與海底輪。如何讓這股高頻能量能夠幫助我們在地球上扎根，與大地連結？這股能量真的可以幫助我們與火有關的力量嗎？

慈悲的宇宙密碼

我是北極能量。北極，是鮮少人會提到的。而北極帶給地球的，或北極與我們之間有什麼樣的緣分呢？在北極，它匯集了一股力量，讓人們從集體意識的束縛框架中解放出來。當然，隨著我們與 Asha 連結的時間越長，我們可以灌注的力量也會變得更加厚實。

⊙ 爆炸性蛻變

北極能量的特質有點像是直接炸毀，而這個炸毀裡面會帶來什麼呢？你們會更嚮往大自然，更靠近大自然。但是，靠近大自然並不意味著你會成為一棵樹，安靜地守候著人們。你所需要的是我們的能量。

當你一直被豐沛的正向高振動頻率的力量支持的時候，雖然你仍會感到疲倦，但會很快修復；你會感到恐懼，但很快就會看清；你會感到痛苦，但心裡卻能肯定，你知道這一切終將過去。

簡單來說，當這股爆炸性的能量逐漸靠近我們時，將會引發一個蛻變的周期。這是一個需要你們覺察的過程，但無需恐懼。

越來越多的人會變得敏感，然而，面對外在世界快速變化、多重交錯的能量、集體意識的波動，或個人生命的課題，甚至是一些微小的選擇——接受或拒絕、前進或停滯，這些都可能帶來內在的掙扎。有些人可能會直接在身體層面表現出來，例如生病；而有些人則會在靈魂層面感到無趣，覺得生命平淡無奇，人性粗糙而令人沮喪。

然而，這一切都是地球提升的一部分。當來自宇宙各個層面的力量支持地球進化時，我們內在的匱乏與恐懼也會被放大。但請記住，這並不是宇宙要傷害你，也不是某種外在的力量在攻擊你。我不會認同「負面外星人」或「惡意干預」的說法，因為在真正的正向力量、求道的能量中，光明的頻率總是遠遠超越黑暗。

⊙ 慈悲與同理

那麼，為什麼這股蛻變的強大能量會在接近地球時，讓我們的弱點與陰暗面浮現呢？

原因很簡單，因為地球是人性的修練場。而真正能夠帶領我們走向更高維度、救贖自己的，正是愛、和平、接納與臣服。說得直白一點，這就是慈悲。

當你面對自己的陰暗面，當你感受到生命的局限時，請問自己：如果換作是別人，你希望他們如何對待你？而作為更高維度的存在或指引者，高靈們始終以極大的包容、寬廣與耐心陪伴著我們，祂們保持開放、靜默與信任，幫助我們一步步穿越這個過程。

在這個時刻，我們該如何善用這份慈悲與同理？如何真正將靈魂深處的愛落實在生命中？當你發現自己的陰暗面被放大，或因外在的挑戰而感到脆弱與受傷時，請記得，「自由意志」一直是人類珍視的禮物。你選擇如何回應？這正是自由意志的體現。你明知道這是宇宙的進程，那麼，你願意超越個人情緒，不再過度沉浸於小我的角色，而是讓自己的視野更開闊，將自由意志提升到更高的層次嗎？

我們並非孤立地經歷這一切，而是整個人類集體都在面對這股振動的變化。我們需要學會超越舊有的框架，走向更寬廣、更包容的境界。而這需要我們有力量，懂得照顧自己、提升自我，回到當下，調整意識，讓自己的雙腳穩穩地站在地球上，然後勇敢向前邁進。

這一切其實並不難。我透過Asha觀察到，許多人來到她身邊，往往是面臨「要與不要」的抉擇。每當我們的脆弱被放大時，應該意識到，這正是我們的弱點——也就是生命的課題。這份被放大的脆弱，其實是一種提醒，讓我們有機會向內探索，持續覺察自我。

即使一開始你感到困惑，甚至因受傷而感到痛苦，但當你靜下心來時，會發現這份傷痛其實一直潛藏在內心深處。正因為它如此真實且誠懇，才有機會激發更深層的力量。這與祈禱相似，不同之處在於，你是在往內尋找，相信所有的力量都會協助你。

當你蛻變、擴展自己，在敏銳的覺察中充滿能量與智慧，你將能感受到那股源源不絕的支持與呵護。當你感受到這份力量的支撐時，空虛與無趣便不再困擾你。

⊙面對身心的挑戰

至於身體層面，在這個階段，我們確實面對來自四面八方的挑戰，包括疾病、病毒，以及各種疫苗選擇。我們正在平衡不同的醫療方式，例如大自然的療癒力與集體疾病的影響。關鍵在於，我們如何運用這股勢能，使身體變得更加輕盈與舒適。

我會協助你一起清理臍輪與海底輪，這是我們共同創造的療癒過程。同時，我也提醒一個重要的觀點：你如何讓身體不再累積疲憊與束縛？在集體意識與身體能量的變化中，敏感的人是否只能任由能量流失，還是能學會掌握與轉化這股力量？

這正是今天的重點：在地球整體提升的過程中，當所有人的生命、身心靈變得更加敏銳，感知力愈發強烈時，你該如何在人群中維持自身的能量，不讓其流失？

在精神層面與內在層面，我建議你穩定中軸，回到內在，專注於當下，並清楚地認識到——你無需恐懼。

⊙「不恐懼」的信念

農曆七月，我不恐懼；即使我敏感，即使我行走在人群之中，我依然無所畏懼。這是一種意念——一種不恐懼的信念。而究竟是什麼樣的狀態，能讓你的身體能量如火般持續燃燒？讓你的生命節奏與靈魂的安排相互呼應，使你的能量源源不絕？

靜心：讓身體輕盈舒暢

我是 AFA 高靈，我是 Asha 自幼以來貼身的守護神之一，而我負責的，正是身體層面的調整與療癒。

1. 請各位閉上眼睛，並用左手的大拇指輕輕按住眉心輪。當大拇指放在眉心輪時，其他四指可輕輕扣住頭部；同時，右手的大拇指輕輕按壓在肚臍上，穩穩地對準位置。

讓我們安靜下來，專注感受身體的能量。在進行這兩個動作時，如果你感覺到身體某個部位不適，那表示該部位的能量可能有所堵塞，或者身體層面存在某種狀態。我們可以敏銳地

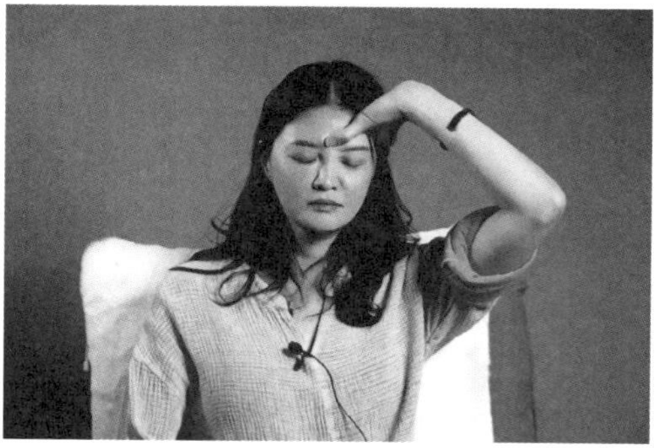

去覺察自己的身體訊息。

當你的身體出現疾病時，請選擇中道。你可以嚮往大自然與自然療法，但同時也請尊重，有些緊急的疾病需要科技的協助。

我現在將召喚火的力量。請為自己下達一個指令：

「願我的身體、我的大我，與所有精神團隊緊密連結，請完全守護我，並遵循我靈魂的意願。在地球揚升與變動的過程中，我能穩定自身，脫穎而出。我已經準備好釋放集體意識的束縛，願我成為既入世又帶有靈性的光行者。」

2. 請將左手放下，輕輕地放在左膝蓋上，右手的拇指仍然按壓在肚臍上。

3. 接下來，請閉上眼睛進行冥想，在臍輪的位置為自己畫上九個五芒星，並下達意圖。

在此時此刻，你的精神團隊與守護神正與你緊密連結，你可以清晰地設定你的訂單與意圖，因為祂們正與你同在。這份連結將繁雜化簡，與你的精神團隊、精神導師，以及你個人的靈魂和大我深度共鳴。

有敏感體質的朋友，當你感受到身體有異樣或不適，請允許這些能量自然釋放，讓它自由流動，回歸平衡。

當你畫上九個五芒星時，請精確地下達意圖。在每一次當你感到不安全、能量流失，或自身頻率不穩定的時候，把右手拇指按壓在肚臍上，然後為它畫上九個五芒星。這是一個清晰的意圖，完全的結界，在這神聖的空間裡，你是受到保護的。

這個結界的效力能持續多久呢？這取決於你的功力。

剛開始，當你與能量或自身的敏感度連結時，可能會因為內心仍存有疑慮、恐懼與不安，使得你的意圖帶有不確定性。然而，隨著時間推移，當你愈來愈理解自己正在做的事情，當你的經驗與內在智慧逐步累積，你的信念將變得更加堅定，你的力量也會隨之增強。

最終，你只需輕聲說出口，甚至無需言語，心裡就會明白——你是被保護的。當你將右手拇指輕輕按壓在臍輪上，這就像啟動身體內在的能量開關，讓能量順暢地流遍全身。這樣一來，你將不再感到疲憊，也不再覺得受困，更無需逃避或隱藏。

這是一種能讓身體輕盈、舒暢的方法。當一個人的身體充滿熱能與安全感時，他自然會感受到輕盈自在，被保護、被療癒，並且能夠自在釋放所有不必要的束縛。

喚醒更深層的火的力量

火能帶來什麼呢？正如之前提到的，火能帶來能量，讓你擁有足夠的活力去好好生活。

而進入這個階段，火將引導你朝向靈魂的渴望。或許一開始，你會將這份渴望視為「欲望」，但這並不是壞事。因為火的光芒能照亮、淨化這些欲望，使它們轉化為清晰的夢想與深層的渴望。

然而，光是擁有夢想和渴望，卻只是待在家裡或被動等待機會，那麼它們不會憑空降臨。實現夢想需要鍛鍊、體驗與不斷嘗試。即便當下你的生活正面臨重大挫折，也請你明白，這些挑戰不是偶然發生的，而是你的靈魂與宇宙共同策畫、討論、調整後的結果。靈魂擬定人生藍圖，而每一次的歷練，都是這幅藍圖中的一部分。

請記住——你才是自己生命的真正建築師。雖然你帶著既定的基本藍圖來到這個世界，但擁有智慧、深受內在神性指引的人，都知道自己能讓這份藍圖變得更加精采、豐盛，讓生命流動起來，使願望更容易顯化。

⊙順流的行動力，賦予身體能量

今天要談的，正是「行動力」。

你在害怕什麼呢？你能夠辨別「等待」與「活在當下」之間的細微差別嗎？你是否能感受到那股推動你向前的力量？等待，往往是一種身心停滯的狀態。但即使你選擇等待，你依然可以在夢想中耕耘，在生活中著墨，為自己的未來增添色彩。這就是行動力，直到這個行動火力十足，讓你能夠在路上被推著前行。

行動力引發的主題是「順流」。我們該如何做到順流呢？Asha是最貼近我們的人類，因此我會以她為例。

許多人選擇等待、躲藏，不願行動。當一個人沒有火的能量、沒有行動力時，他的能量便會停滯。或許他的內心不停翻滾、感受著許多情緒，甚至在身體裡不斷囤積、咀嚼這些感受，但若無法釋放，能量就會卡住。這樣的人往往會覺得身體沒有能量，進而陷入被動與等待，甚至讓身體的恐懼主宰自己。

身體本能是膽小的，當它感到害怕時，就會選擇持續待在恐懼之中。從靈性的角度來看，這種等待、束縛自己、選擇躲藏的狀態，可能會讓人覺得外在世界太粗糙，於是便說：「這個世界不是我想要的，我只想安靜地做自己，待在屬於自己的空間裡。」

這樣的選擇沒有對錯，但如果你的靈魂設定是需要透過行動去體驗火的能量，那麼，它就會為你創造各種故事，讓你透過體驗來覺醒。

當身體缺乏火的能量時，它便無法前進，無法去實現靈魂的夢想。你可以觀察自己的四肢，如果時常冰冷，血液循環不良，身體僵硬，與人之間就難以產生熱情，甚至無法自然地釋放愛。因為內心的恐懼，你選擇將自己關起來，遠離人群。

這些狀態其實可以從身體動作中觀察出來。當你身處在人群中，你可能會感到不受控的束縛與恐懼，這種感受往往強過於你向他人敞開心扉的勇氣。但請記住，即使是在聆聽他人的過程中，你仍然可以保護自己，同時也能開放心靈，用心去感受與接納。

當火的力量燃燒至心輪，你將成為溫暖的存在，這份溫暖，正是愛的具象表現。然而，若你總是用敏感、脆弱與恐懼壓抑所有情感，那麼，你的靈魂只能站在一旁，靜靜地看著你，看著這具無法敞開、無法擁抱、無法實現夢想的身體。

靈魂始終在旁觀察著你。

在你的生命旅程中，靈魂會時常輕輕敲擊你的心門，提醒你該改變現狀、深呼吸，並鼓勵自己勇敢邁出一步，去行動、去嘗試。

放下恐懼，駕馭火的能量

火的能量進入第二階段時，除了賦予你身體能量之外，更重要的是讓你直視內心的恐懼。如果你渴望穿越障礙、擁抱靈魂，並回到更廣闊的宇宙意識，最重要的是——先放下恐懼，勇敢向前一步。個人的恐懼只是幻相，暫時擱置它，你將會發現更大的可能。

當然，火的力量過於旺盛時，也可能帶來反作用。當一個人的海底輪充滿強烈的火紅能量，他便會受世俗的欲望、情感與人際關係所牽引。這種能量類似於性能量，與臍輪的特質相似。當火的力量過於強大，行動將無法停止，因為內在會不斷驅使你去做更多的事情，甚至感受到強烈的渴望。

那麼，如何讓這兩個不同的狀態達到順流，讓自己被推著向前行動呢？關鍵在於如何駕馭這股火的能量。煮飯的人都知道，火候太強，食物容易燒焦，前功盡棄；但若火候不足，則無法熟成，無法前進。這個道理同樣適用於人生與靈性成長。

你是否想過，在靈魂的更高層次，究竟是什麼力量在推動某些人，使他們能夠不斷向前邁進、持續進步？為什麼有些人似乎總是順風順水，如魚得水？

事實上，他們的成功並非偶然，他們背後同樣經歷著努力與辛勞，只是外人看不見罷了。你所看到的，不過是他們長期付出後的回饋。

那麼，什麼樣的人可以被順流推動？為何有些人一下訂單，事情就能水到渠成？

⊙ 臍輪與海底輪的平衡

接著要討論的核心，正是臍輪與海底輪的平衡。這兩個能量中心必須達到一種「剛剛好」的狀態，才能順勢前行。但問題是，每個人都能找到這個「剛剛好」嗎？還是說，命運已經注定了我們的限制？為什麼我們要調整到這個「剛剛好」？它又代表著什麼？它是否意味著，當一個人在專業領域達到內外合一，他便能夠輕鬆顯化成功？

這正是今天要深入探討的課題。以下舉三個不同人生角色的例子：

‧以家庭為重心的人

第一個是A型的人。當一位靈魂說：「我只想成為一名家庭主婦，我希望能夠擁有足夠溫暖的愛，讓我的孩子因為我的陪伴，而能夠走上屬於他們的靈魂之路。」因此，她的重要角色，就是成為好母親。

如果你的生命是被這樣設計的，或者你選擇了這樣的道路，決定以家庭為重心，那麼這對你來說是很美好的，因為這是你靈魂的選擇。在這樣的靈魂意願下，如何幫助自己的孩子活出靈魂的色彩呢？當你這輩子的角色是父母，或許在世俗層面上沒有顯赫的成就，但你所做的一切，對孩子的靈魂成長而言，卻至關重要。

那麼，如何讓孩子走向成功，或踏上靈魂的道路呢？

首先，真正的「功成名就」，並不是外在的世俗成就，而是能夠實現靈魂的聲音。當我們能夠忠於靈魂的願景，在宇宙的運行法則中，這意味著我們離合一、解脫輪迴更進一步，並邁向更深層的蛻變。這才是靈魂透過我們，想要在地球上顯化的真正價值。

當我們談論靈魂的使命與聲音時，如果你的靈魂此生最大的渴望，就是成為一位出色的父母，這同樣是一份崇高的使命。也許在過去的生命中，你曾無法好好照顧你的親人，於是這一世，你選擇以愛與陪伴來彌補，守護、支持、照料你的孩子，成為他們生命中的燈塔。

無論是什麼職業或角色，當它源自靈魂的選擇，都是偉大的。

如何讓你的角色帶著火的力量，穩健地展現？讓你的職責與靈魂的聲音得以顯化，關鍵在於拿捏火候——不疾不徐、不強不弱。

特別是在陪伴孩子的過程中，請避免將自己內在的匱乏投射到他們身上。這種情況幾乎不可避免，例如：「因為我沒有太多成就，所以希望我的孩子能輕鬆獲得成功。」這樣的想法是人之常情，但我們可以做得更好。不必讓一切只是停留在因果的循環中，而是帶著更多創造力，注入更具火的能量與更宏觀的宇宙視角。在這個過程中，你能放下恐懼嗎？你能暫時放下自己的匱乏嗎？

如果你的匱乏感來自於「無能為力」，或「努力過後仍無法得到想要的結果」，那麼請先停下來，好好向內覺察，看看內在究竟發生了什麼——那些外在的瓶頸，往往都是內在狀態的映照。這些課題需要時間來處理，而靜心是連結靈魂的好方式。

在每個過程中，走進大自然、深呼吸，讓自己回到能量的流動之中，你會更能感受靈魂的真義。當你放下恐懼與期待，你已經邁出了關鍵的一步。你將會逐漸清理內在的匱乏，讓自己不再活在「匱乏」的框架中。

你可能會看到自己因為身分而選擇停留在家庭中，深陷於不敢踏出舒適圈的恐懼、匱乏，甚至被動地期待他人來照顧自己。當你意識到這些焦慮、恐懼與匱乏之時，突破的過程可能需要一些時間，或許一天、兩天、三天，甚至一個月、兩個月，這完全取決於你的意願。

靜心可以幫你，就像前面提到的技巧：右手的拇指按在肚臍上，一開始左手放在眉心輪，但逐漸地將左手移至左膝蓋。這樣做會讓你有火的能量。

不過，靜心之後請你務必做一些功課。所謂的功課，就是要邁出一步。你的孩子不需要成為你的傳承，也不必翻轉你的命運，成為另一個自己。

然而，既然你的孩子已經來到你的生命中，他就是來幫助你達成更高的空性。這種空性向前邁出一步，意味著減少自己的包袱。如果你願意放下包袱，向前邁進，那麼你的一天就會進步一公分。雖然與宇宙的距離僅僅差了一公分，但在你整個家庭中，這卻成了一個重要的樞紐。因為你就像是這個家的重要主人。

這樣，你的孩子就會有空間來接受你溫暖的尊重。只有在愛與尊重，以及沒有包袱的壓力下，這些孩子才會成長為他們夢想中那棵大樹的樣子。

・事業心強的人

第二種人是B型的人。工作在他們的生命中非常重要，事業心也非常強烈。他們強烈渴望獲得卓越感、優越感或成就感。因此，他們會不斷地追尋，行動非常有火力，有著強大的宏觀與期待。

有些人確實成功了，讓他們能夠被生命的流推著前行。但有的人雖然很樂觀，渴望成就，但為何經常回到原點，或在挫折中徘徊？這些或許是靈魂精心的安排，但你們必須調整某些部分，才能讓這股能量順利流動。

這種人在靜心的時候，可能需要更加專注於自己的下盤力量。當火的力量四處燃燒、奔放，會導致注意力分散，最終爆炸式地做許多事情，無法專心，缺乏心的感受，缺乏頭腦的邏輯安排、組織和謹慎的觀察，對全盤細節的計畫也有所欠缺。

對於這一點，我們要學會將那股火引導向上。如何將這火往上帶呢？在靜心時，除了之前所提到的，你可以加入一個冥想。

當你下盤累積了很多火的力量，你是停不住的，靜心對你來說都有些挑戰，這需要時間來適應。因為大多時候，你可能會感到急於想要迅速投入某些事情，不斷地忙碌。然而，當你靜下心來時，你會察覺到下半身沉重的感覺，其實這是火的力量過剩。這股力量未必是鮮艷的火紅色，可能還夾雜著來自原生家庭的匱乏感，或是他人對成就的期望，甚至是外界認為你必須賺大錢來養家的觀念。

這些投射與期待，無論是來自他人還是自己，並非全然不好。關鍵在於如何將這些期待調整到恰到好處，使其能量能精確地落實在應該做的事項上。

因此，對於這種人而言，當你靜下來時，必定會感受到下半身的沉重感，身形也顯得下半身能量場較為沉重，因為他們習慣於在地球上穩定地創造物質世界的成就。

我們提到的成就是靈魂的聲音與地球的聯結，所以靈性與物質並不分開。只要是你生命中所帶來的火的行動力，無論是物質界的創造，還是靈性的表達，實際上都是殊途同歸、一體兩面的，並擁有相同的能量。因此，我們需要淨化這股火的力量。

對於這類的B型人，我建議你可以冥想一道銀白色的光，將這光引入你的下半身、腹部和骨盆。在導入後，你將逐漸感受到下盤沉重的能量向上升高。

其實，能量是一種非常奇妙的東西。但當你靜下心來時，會發現你的意念真的就像魔法師一樣，能夠引導能量進行蛻變。

・順流的人

第三種人則是那些能夠被宇宙推動的人。他們完全處於順流之中，臣服於更大的流動力量。所以，他所做的所有事情，除了靈魂小我的學習之外，還有更大的願景。因為他背後有一支龐大的精神團隊，正在為地球注入一些不同的能量、滋養和支持。

第三種人之所以能夠被推動進步，其實靈魂中有一種力量，帶著宏大的願景和意願，想要在地球上創造最新、最大的，最有可能實現的事情。

因此，你們在討論的一些非常卓越的成就者，他們都是能夠被宇宙所推動的人。這些人必定有他們的人格特質，也有他們的缺點，但他們就是能夠被推動，而且他們清楚知道，這一切與宇宙的流動是相連的。

我希望大家能夠共同感受到這股流動的力量，了解什麼叫做「被流推著走」。你是否在做自己應該做的事情？你是否在從事能夠顯化的事業？

現在，我誠摯邀請銀白色的光來引導大家進行這個靜心，讓大家的能量浸泡在這銀白色的光中。祂就像是一隻珍貴的銀狐，出現在你的周圍。

你也可以選擇躺著，放鬆身心，部分人可能會在這個過程中進入睡眠，我們需要喚醒他們。

有些人已經準備好成為順流的載體，無論在任何工作中，這股力量都在推動他們向前。我們必須做好準備，保持清晰，保持不被束縛，保持認識自己與集體的不同。

這股力量強大且罕見。我告訴大家，這股力量正是我們接著要分享的，關於後新時代的力量。經歷了幾十年的新時代力量之後，我們即將步入後新時代。

祂是一種極少人會提及的力量，因為祂剛出道。

後新時代的銀白色力量

我現在就將這個頻率轉交給銀白色的力量。這股力量也是創意之神，只要你願意與祂好好連結，祂將會充滿創意、充滿可能性、充滿突破。你會經歷一些以前可能不會嘗試的事情，但這些經歷會讓你更擁抱地球，更加擴展自我，更無懼。

這股銀白色的力量，對剛才列舉的三種類型的人，都是有力量的。因為我們透過Asha已經進行了半年，她身邊的朋友們慢慢地接觸到這股銀白色的力量，他們或許還不知道呢！

我們發現，A型的人躲在自己的世界裡，B型的人則盲目往外探索，還有一個很神奇的現象，便是爆炸性的清理了頭腦的框架，接下來就是清理身體被傳統集體意識的束縛。

但我必須提醒各位，當你接觸這個能量，大約在兩到三個月之後，身體會變得比較敏感，有時候睡眠會不安穩。這是正常的，穿越這些感覺，擁抱這些副作用，因為它會介入你的潛意識，清理那些陳封已久的印記，過去的故事會被重新驗證。

尤其是對於學習身心靈的人來說，常常喜歡覺察。這是非常好的。當銀白色靠近你的時候，我們發現它不止清理你腦中的恐懼，還會讓你的第三眼變得更清明、更沉靜，你可以看到許多以前從未想過的實相。慢慢地，這股力量能夠幫助各位，讓你們感受到身心靈的清明，更能感受到每個人作為個體的獨特性，無論是鮮明的、溫和的，還是善良的自己。

你都會看到這些優點，並將它們放大。

這股銀白色的力量，初次接觸Asha時，她所清理的其實是她的腰椎、尾椎、海底輪和臍輪，這也是她與母親之間的緣分，還有她生命中的學習。這是一種通靈的傳承，但某些包袱也稍微累積在她身上。因此，我們知道，她的靈魂需要輕盈，而她的生命也需要更輕盈，以擁抱更多不同的狀態。

所以，我可以用我的智慧幫助你們每一個人，清理你們所需要清理的。你生病了，我可以幫你清理這個問題。生病的原因，往往與某種情緒或印記有關，而我會讓你知道。這是一個逐漸深入你內在的過程，最終內化成你的智慧。

能量就是這麼簡單。這股力量會慢慢地進入你的生命，促使你在不知不覺中發生變化。雖然它不會直接告訴你如何賺錢，但它卻能讓你獲得生命中最本質的寶藏，你生生世世都會銘記這段療癒、提升和蛻變的經歷。當你到達宇宙的某個角落，或是另外一個星球時，你將永遠記得這個故事。你在地球上經歷了巨大的蛻變，這對我們而言，都是靈魂的收穫。

而那銀白色的光芒，也能支持你在人世間，讓你能夠勇敢地面對自己的脆弱、恐懼、阻礙與困惑。

你如何成為一個順流而行的人，讓宇宙推著你走？現在，我們就來進入這股銀白色的力量，讓它融入我們的身心。

1. 請閉上眼睛。你可以躺著，或是穩穩地坐在椅子上或地板上，找出你最放鬆的姿勢。

2. 接下來，放鬆你的頭部，感受你的頸椎輕巧地支持著頭部，並與身體相連。頸椎是一個重要的通道，負責表達的能量，像喉輪一樣，所以它需要輕鬆地坐落在你的身體上。

3. 接著放鬆你的肩膀，讓你的心臟感到輕鬆，感到很安全，體會到肺部的輕鬆與敞開，完全沒有任何盔甲，因為你感到自己是安全的。

4. 接下來就是你的消化系統。當你專注於消化系統時，請你深深地吸氣，將這一股銀白色的力量吸進來，導入到消化系統中。

所有敏感的朋友，請知道自己的太陽神經叢在面對人群時，是會非常連結的。放輕鬆會讓你有結界，有保護自己的效果。你要放輕鬆，而不是緊張地把自己縮起來，那反而會造成更大的牽扯。

你完全不需要恐懼別人會掠奪你的能量，因為你清楚自己與源源不絕的力量相連。你是充滿力量的，讓你的太陽神經叢放輕鬆，你就不會感到恐懼，也不會緊張，也不會害怕被攻擊，更不會去攻擊他人。

5.再做一次深呼吸，將這種力量吸進去。你可以用左手掌心去輔助自己的太陽神經叢與消化系統，深呼吸，深深地吸氣，然後用嘴巴溫暖地吐氣。

你感到平安，且你的能量完全足夠自己使用。無論是在你一個人的時候，還是在一群人的時候，都請放輕鬆。你知道自己不會被掠奪能量，讓自己放鬆。

6.再做兩次，將銀白色的能量吸進去。你會感覺到它在清理你的太陽神經叢、你的情緒、你的感受、你的壓抑、你的壓縮、你的防衛、你的暴躁、你的恐懼。在我們吸氣之後，再緩緩地吐氣，再做兩次：吸氣、吐氣。

7.現在將意念放在臍輪，臍輪是我們肚子的力量中心。你同樣可以用左手的手掌輔助它，輕輕地放在上面，然後做六次的吸氣和吐氣。

祝願你們充滿著火的力量，充滿著個人靈魂的色彩。釋放集體意識帶給你的壓力與包袱，並釋放原生家庭中因匱乏而轉至你身上的負擔。

8.吸氣，緩緩地吐氣。藉由吐氣，釋放帶給你們如同沉重印記的負累與包袱。記得深呼吸，再吐氣。

順流會在力量的推動下向前行，關鍵就在於臍輪。你的臍輪如果是健康、開放，而不是固著的，那麼它的力量便能與宇宙本體相連。

在學習身心靈的過程，這是一個非常重要的環節：好好地將力量放在正確的位置，這股力量自然會流向正確的方向。

⊙下盤的行動力

如果力量背負著過往的包袱，你常常會感到疲憊，感到無法拒絕，腳步越走越沉重。在學習的過程中，我們當然可以依賴自己的心念和智慧，轉化某些挫折或重複性的印記，但我們同時也要務實地看待下盤的行動。

根據你個人充滿智慧的理解，某件事是否可以與行動接軌？如果不是的話，是否該停下來，將這兩個部分重新接軌？

・靜下來的過程中讓靈感滲透

所有可以被流推著走的人，通常都有一個共通的特質：他們勇於傾聽、觀察。他們能夠暫時停下自己，靜下心來，讓宇宙的力量滲透進來。

但通常要靜下來是不容易的，尤其在面對難關的時候。你既要有智慧去接收指引，突破原本的困境，超越過往的習氣，同時又要擁有正確的行動力。聽起來似乎很困難，但我想要分享的訊息正是：我所見到的那些人，如何讓這兩部分接軌。

其實，他們都是擁有累世所積累的福報。在某種程度上，他們也許也經歷過現在你們所經歷的挫折，只是他們熬過考驗，並向前邁進，因此顯化了這輩子強而有力的靈魂成就。這兩者接軌，有一個很重要的關鍵，那就是：他需要在關鍵時刻，往內走時擁有絕對的覺知與歸於中心的努力，並且讓自己完全沉浸在當下。在安靜下來的過程中，讓靈感逐漸滲透。

所有的諸佛菩薩，不會被你們的境遇所動搖。即使是在最糟糕的情況下，甚至面臨生死的邊緣，他們依然會將靈魂想要傳達你的訊息，逐漸滲透給你。這種滲透可能發生在你頭腦忙碌的時候，也可能會發生在課程靜心中。

當我們願意與內在的神性連結，回歸中心時，靈感將會逐漸滲透到你的頭腦，並透過你的喉輪展現出才華。靈感也會滲透到你的心輪，讓你感受到神的心意、靈魂的旨意，以及如何與你的意願連結。

・連結行動力

接下來，就是如何連結最佳的行動力。行動力指得是下盤。

往往與你在年輕時所展現的工作品質有所不同，你現在可能更加穩定，擁有熟悉感、更為熟練，且達到專業的程度，這便是你所打下的基礎。

你現在回憶：十八歲的你、二十歲的你、三十歲的你，直到現在五十歲的你、六十歲的你。你會感受到，下盤就是「因為經驗而帶來的篤定感、專業成熟度和實際行動」。

但你可能會說：「如果我曾經經歷過低谷，而現在正準備翻身，該如何與過去接軌呢？」如果你一直被欲望、被各種集體意識的期待所困擾，因為擁有而感到焦慮，那麼你將不會因為短暫的獲得而感受到靈魂的喜悅。反而，當你完全放下某些執念，真正看見自己，成為自己生命能量的一部分，與生命能量和諧共處時，你就能精準地知道，自己真心所渴望的，以及靈魂所盡力追求的。然後，再配合你的行動，通常這樣就能準確地調整到你行動的頻率上。

靜心：聚焦銀白色的力量

我再次邀請更強大的銀白色頻率進入這個空間。

1. 請你開始冥想，感受從頭頂至海底輪之間，有一條能量線貫穿你的頂輪，延伸至會陰部位。這條線起初可能較細，隨著冥想的深入，它將逐漸變得穩固且寬厚，並逐步注入會陰，最終延伸至地球核心。
2. 想像這條能量線變成一根中空的管道，讓自己感受銀白色的能量源源不絕地從頭頂流入，穩定且持續地充盈你的全身。

我相信許多朋友此刻都感受到體內湧現一股溫暖的熱流。在這個過程中，這股銀白色的力量正如同源源不斷的能量輸送，為你補充並調和內在的頻率。

當我們將這股力量聚焦於你的身心時，你會感受到無限的擴展，而3C設備的頻率則可能受到影響。換句話說，當全人類的生命能量如光芒般向外綻放，就如同電力四射，整個世界的能量場將產生變化。而當集體意識達到一定程度時，我們會發現，物質界的需求其實非常有限，真正所需的其實微乎其微。

因此，3C產品只是在地球蛻變過程中的一種進化現象。許多人擔憂，若人工智慧等技術不斷進步，人類的許多功能將被取代。然而，在我們看來，人類內在那道具有創造性的光芒，永遠無法被奪走。這道光蘊含著無限的創造力與生命能量，而這些正是我們的本質。

隨著集體意識的提升與蛻變，這股力量將逐步改變地球上的一切創造。

跳躍式的蛻變

・孩子充滿創造力

現在的孩子，特別是十四歲以下的孩子，他們正處於與以往截然不同的頻率之中。我們可以預見，這些孩子將會充滿創造力，他們的學習方式不再局限於舊有的模式，而是持續探索內在的智慧，回應靈魂與地球的約定。他們將學會如何讓自身的生命能量與地球上高頻的自然能量連結，進而創造出更多可能性。

當世界遭遇挑戰時，這些孩子就像銀白色的光，擁有爆發性的潛能，能夠創造出超乎想像的奇蹟。他們甚至能從海洋深處、大自然的隱祕角落，或更高維度的場域中，發掘並創造出能讓人類以更高頻、更高維度狀態行走於地球的方法。如果這些後代的內在光芒持續擴展，他們將邁向更加靈性、更加合一、更加具備創造力，並且更善用宇宙資源的境界。

然而，這些孩子也將面對另一項功課——人性的貪婪。地球的演變始終是光明與黑暗並存的過程，而我們要如何透過內在的覺察，讓自己成為真正的光行者？如何為了地球、為了後代，甚至為了未來的子孫，創造一個更加和諧、更加寬廣的顯化空間？這正是我們正在努力實現的使命。

・北極的力量

有人可能會問：「我們究竟有什麼了不起？又有多重要？為何能感知到這股正在影響我們的力量？」其實，正因為我們覺察到了這股力量，才能順勢而行，讓自己真正蛻變，進一步拓展靈性的宇宙觀。

北極的力量正在與地球上的各個神聖能量點產生共鳴——無論是聖山、能量漩渦，或其他重要的能量場域，都在此刻彼此交融、相互唱合。當時間點來臨，北極便成為一個突破的契機，讓歷經千萬年累積的生命智慧得以釋放，讓代代相承的靈性力量得以展開。

這個階段，就如同站在一座小斷崖前，我們正準備迎接一場跳躍式的變化。

這種跳躍是我們正在經歷的蛻變。因此，當你看向外界，目睹種種荒謬之事、生命的摧毀，以及暴力與恐懼交織的現象時，你是否仍能清晰感知內心的光與創造力？若你願意釋放這份力量，不僅能支持後代，也能影響身邊的人。

事實上，當我們真正擁有這股力量，就能確信自己不會被龐大的黑暗吞噬，或因世間的混亂而迷失；相反地，我們將開創一個充滿願景的未來——一個由創意、與自然共存、與地球合作、與宇宙和諧共鳴的全新時代。

表面上，我們似乎在幫助地球，讓環境更加平衡，甚至像是在拯救地球。但事實上，這一切都是進化的一部分——我們只是在順應地球靈魂的真正意願，隨著這股變革的浪潮，一同躍升至更高的境界。

・成就 VS. 靈魂的想望

現在請大家先閉上雙眼，把自己安穩下來。現在我要介紹的是參天大樹，它位於加拿大的北方，有一片森林中的神聖樹木，但它並不像阿里山的神木或斯馬庫斯的神木那麼知名。

參天大樹想要與大家聊聊成就與靈魂的想望。大家可以找個地方坐下來，身體有意識地放鬆，來閱讀參天大樹的訊息。

我想問問大家，在你們的集體意識中，成就是否等同於名與利？當一個人獲得了名聲與財富，生命就算有所成就嗎？如果我不有名、不顯赫，我只是一棵參天大樹，穩穩地扎根、支持著地球，那麼，我是否也已經實現了我的價值？

你願意成為一棵參天大樹嗎？有時候，你所做的一切，只有靈魂知曉，只有宇宙記錄。在地球這個物質世界裡，你可能不會馬上被認可，但你願意接受這樣的道路，成為一個默默的守護者嗎？

如果你的答案是肯定的，那麼，在穩定地球的過程中，在你不斷前行的旅途中，你是否已經認出自己的價值？你是否已經明白，自己靈魂來到這個世界的真正意義？

你是否曾因為自己的「一無所獲」而感到困擾？是否困擾著自己的能力無法完全施展？這種困惑，來自於集體意識與物質世界的影響——金錢是必需的，工作至關重要，而成就感則能幫助我們認識自我價值。這些確實是地球物質世界的便利與美好之處，但如果沒有這些，依然能夠活出精采嗎？

生命中最珍貴的，是你的心念，它比昨天更開闊；而今天的你，也比昨日更有能力去愛。這句話或許大家都朗朗上口，但它真正的意義，是為了自己。因為當你充滿愛時，你的貪嗔痴、憤怒與負面情緒，將不再依賴他人來消融，而是由你自己去化解。

一個真正強大的人，能夠為自己的印記負責，全然釋放與療癒自己。這樣的人，就像我一樣，能夠認出靈魂的價值，並實現宇宙永恆中的真正成就。當然，我也積極鼓勵大家，在物質世界裡透過與人互動、團體合作，以及在社會中實踐自我，來獲得更深層的認可。即使是在運動會中贏得一座獎杯，這也是一種殊勝的肯定，是值得珍惜的累積。

因此，今天我們從物質世界切入，與大家分享靈魂的真實價值。我想請求大家，在接下來的靜心時間中，能否讓自己沉浸得更深、更久？我能感受到，你們的靈魂已經準備好去探索——什麼是成就？什麼是你靈魂真正的渴望？

我希望，這份禮物不是一堂課帶來的短暫收穫，而是能夠延續生生世世，伴隨你前行的光。

通靈者的挑戰

當所有力量透過一個身體媒介來傳遞訊息時，這是一個極為龐大的工程，只是你們無法親眼見到。而這個工程究竟包含了什麼？今天，我想與大家分享這個你們未曾察覺的奧祕。

訊息的傳遞需要透過一個人作為橋梁，而這背後所涉及的工程很浩大。當你真正理解其中的過程，就會明白，每一個生命在輸出自身能力時，都承載著無數的努力與挑戰。沒有人能輕輕鬆鬆地躺著就獲得成功，也沒有人能毫不費力地站在原地就擁有豐盛。

或許你會問：「為什麼有些人天生富有，擁有遺產或富裕的伴侶？」那並非個人的豐盛，是生命帶來的福氣與便利。而真正的豐盛，來自你內在深處的創造力，來自你對自己生命的承擔，以及對靈魂價值的認識。這才是進入豐盛的更高層次。

當某個能量從遙遠的地方感應到可以與之共振的頻率載體，也就是我們所說的「管道」，它會先與這個靈魂連結，並進行內在對話。對靈魂而言，無論是作為能量工作者還是創意者，所有的運作本質上都是相似的，都是在協助意識的擴展與轉化。

靈魂會主動尋找各種資源，當它決定讓自己進入更大的宇宙流動時，所有的機緣便會開始促成。然而，當靈魂發現更多可能性、察覺自己的生命不止於當下時，它可能會與更高的存有建立連結，並引動內在的印記，進而形成一段旅程。而這段旅程中，或許會經歷挫折與挑戰，這些看似困難的經歷，其實都是靈魂為了成長而精心安排的善意。

靈魂之所以不斷尋找資源，是為了未來更深遠的發展。它透過這具身體與你的合作，在這一世的生命旅程中，看見更廣闊的可能，並試圖幫助你突破限制、跨越困境，朝向更遼闊的未來前行。

⊙傳訊是重新整理、突破、重建的過程

當我們與一個載體連結時，這股龐大的頻率其實是肉眼無法見到的。試想，一股極強的電壓需經過一個人的身體，並轉化為文字，這個過程涉及多少層次的轉換、連結與適應？這具身體需要全天候調整自身的頻率，才能將這些能量轉譯為物質界可理解的訊息。

因此，許多智慧的靈性工作者，正是不斷地將這些高頻能量轉化為你們能夠領悟的資訊。所以，當你們遇見通靈者時，不要急於追求立即的答案。要知道，每一則訊息的傳遞都極為珍貴，因為它們背後包含了無數的準備、能量轉換與連結，這是一個不斷重新整理、突破、重建的過程。就連這個載體本身，也必須超越某些限制，才能讓這股能量進入，並順利傳遞訊息。因此，這從來都不是一件輕而易舉的事。

對於那些在地球上真正進行傳訊工作的朋友們，以及所有敏感的能量工作者，我們深知你們在身體層面所經歷的挑戰。因此，我們懷抱著無限的愛、耐心與支持，因為要將這些來自無形界的訊息轉譯為可理解的語言，本身就是一項極為珍貴且不易的工作。並非所有身體都能承受這樣的能量，也不是每個人都有意願去承擔這樣的責任，因為這並不好受。這就像是一股強大的電壓穿越身體，而你不僅要承受，還需要將其轉化為語言，昇華為智慧，這絕非輕鬆之事。

更何況，在這個集體意識快速變動的時代，我們也看到你們對宗教人士與靈性工作者的期待。我想告訴大家，在新時代，甚至即將到來的轉變中，所有工作皆無高低貴賤之分。他們不是神明，而是與無形界合作，承擔著各自的使命。他們的價值，不在於神祕或崇高，而在於能夠將複雜化為簡單，並在需要療癒與釋放的地方貢獻力量。

他們和所有人一樣，擁有自身的挑戰與學習，但他們的專業，值得被尊重。因此，我希望能夠注入一些新時代的思惟，解放集體意識對宗教、靈性範疇人士的期待。

．每個人都能創造屬於自己的道路

沒有人需要成為所謂的「偉大上師」，也沒有人需要成為你在物質界的投射對象。因為，你的內在早已擁有一尊大佛，隨時準備與你對話。

在我們的視野中，每個人都是珍貴的，每個人都擁有無限的愛可以啟發，每個人都能在豐盛的流動中創造屬於自己的道路。那麼，靈魂的成就應該如何展現呢？

你或許會說，你感覺什麼都無法做到，沒有熱情，甚至連想都不想去想。那麼，我想問你，當靈魂透過這具肉身顯化天賦與才華時，你會是什麼樣子？你不會永遠都處於尋找與療癒自己的狀態，你會逐漸清晰地感受到，自己擁有強大的能量與愛，不僅能夠給予，也能夠接納，這才是最重要的準則。

當你面對某件事時，你的內心是放鬆的、開放的、充滿熱情的嗎？還是時常感到困住，像是在等待，覺得自己還沒準備好，或是認為自己不可能做到？

如果你屬於後者，那表示你的靈魂尚未處於與你契合的頻率，你需要學習如何進入整體的流動。而我們提到的銀白色光就是關鍵之一。深吸這股銀白色的力量，吐氣，讓自己進入流動之中。

但如果此刻你無法感受到這股銀白色的能量，那麼，你該如何幫助自己呢？你是否知道，靈魂何時最能透過你，去完成內心真正渴望的事情？靈魂與高靈們，總是在潛移默化地滲透你的渴望，直到有一天，你不再懷疑，而是全然內化，明白這就是你真正想做的事。

・給時間一點時間

有人說：「高靈說話我都聽不懂。」

聽不懂沒有關係。靈魂很特別，祂們剛才提到靈魂滲透我們，給我們靈感和明白。我自己的經驗是，當靈魂給我們最適合的訊息，並且能夠精準對焦在對我們生命最有助益、最有幫助提升的部分時，首先我們一定會知道。

另外，靈魂的滲透其實是隨著你的狀態來的。如果你每天都很繁忙，如果你每天都熬夜，坦白講，靈魂很難滲透，因為你的頭腦和身體都處於一個緊繃的狀態。所以，靜心很重要；照顧好自己很重要；喝水很重要；到大自然中去非常重要。

我往往在開車的時候，或者進入大自然的時候，會有非常非常多來自靈魂的訊息給我。我和所有人一樣，平常不會沒事就跟高靈聯繫。我只知道他們的能量在，我知道他們正在處理某些事，但我不太會刻意去尋求什麼。

其實，我和大家一樣，只是多了那麼百分之一，可以坐在這裡傳訊。但大部分時候，我也是個「麻瓜」。我也需要冥想彩虹光，也需要感受到彩虹光的祝福充滿我。我也需要等靈魂滲透到我，有靈感、變清晰，這一切都需要時間。

高靈這麼多年教會我的是：給時間一點時間。因為當你急躁、當你緊張的時候，其實你抓到的訊息都不會是最鬆、最輕盈，也不是最剛好對焦的那個頻率。所以，和高靈相處的最大幫助，就是讓我學會放輕鬆。如果今天晚上睡不著，我不會去想能量會不會進來，我只知道，我要讓自己放鬆。

如果我每天勢必要很忙碌，我也會讓自己忙裡偷閒，讓自己有一點空間去接收靈魂的訊息。我很喜歡接收靈魂的訊息，喜歡我的靈魂給我訊息。當然，我和靈魂之間有「暗號」。當他出現時，我會知道；當他想告訴我什麼時，我也會感受到。

我相信每個人都有靈魂，即使你聽不到高靈的聲音，可是靈魂會用各種方式讓你知道祂的存在。當祂希望你弄懂某件事情時，祂會想盡各種方式幫助你。靈魂是史上最細緻、最懂得照顧你的一個力量，而每個人都有這樣的靈魂。

所以，放輕鬆。不要擔心自己沒有高靈，能量就無法進來。我們所做的，不是透過一個「我」來傳遞能量，而是幫助你與靈魂連結。高靈所安排的，其實是幫助你與內在的神性、你的靈魂，甚至你與宇宙的團隊進行溝通與連結。

每個人都只是需要被喚醒，認識到自己與力量的關係。這力量不是來自於我，也不是來自於高靈，而是無所不在的。當你進入大自然，放鬆自己，能量自然會流入你心中。當你放越鬆，心越敞開，訊息就會自然湧入。很多時候，答案是一塊一塊冒出來的，但不需要急著拼湊出一個所以然。

靈魂有趣的是，祂非常細緻、非常有智慧，也非常支持你。當祂希望你搞懂某些事情時，會循序漸進，不會一下子丟給你一整包訊息，讓你無所適從，而是一步步、一點點，根據當下你能接受的程度，慢慢傳遞給你。

所以今天，我們召喚靈魂的充滿，其實也是一個很深度的連結。希望大家明白，往後只要發出一個意圖，高靈與靈魂的能量就會紛紛到來，陪伴並支持你。

⊙如何接收來自宇宙的意願？

當我們與 Asha 連結時，花了很多時間讓她為我們傳遞訊息，並成為一個有感受、有熱情的存在。這需要時間，因為我們必須逐步滲透她的能量場。但她是如何能夠接受這種滲透的呢？這正是我們今天要探討的重點——你們要如何接收來自宇宙、精神團隊以及靈魂的意願，讓它們滲透你、引導你去行動？

・（一）靜心

首先，最基本的就是我們經常強調的靜心。當你願意放下頭腦，讓自己真正沉靜下來時，你就能夠進入更深的連結。當你感到焦躁不安、困頓無助，甚至痛苦不堪時，哪怕只是去曬曬太陽，哪怕只是想像自己是一棵參天大樹，單純地吸收水分與陽光，你都能從中獲得力量。

當你願意靜下來與自己相處，即使身處痛苦的狀態，你不求於外，而是選擇待在當下，你就能逐漸感受到內在的轉變。

・（二）練習如何與內在共處

我們可以試著練習，如何與內在共處。當你遭受侮辱，被人羞辱或批評時，感到受傷了，與其抗拒這個痛苦，不如嘗試進入這個痛苦，試著問自己：「這份痛苦來自哪裡？」

舉個例子，假設今天有人對你大發雷霆，說了許多刺耳的話，使你覺得自己做得很糟糕，在對方眼裡，你似乎一無是處。如果這個人對你而言十分重要，比如是你親密的人，那麼這份羞辱與指責可能會讓你痛苦不堪，甚至感到絕望。

這時候，不要急著逃避或壓抑這份情緒，而是讓自己停下來，與這個痛苦對話。它究竟觸碰了你內在的哪個部分？這樣的練習，將幫助你更深刻地理解自己，並讓你的靈魂有機會真正滲透到你的生命中，引導你前行。

那麼，我該怎麼做呢？我凝視著這份感受，知道這是一個必經的過程。當我感到受傷，隨著內在力量湧現，我會感受到憤怒，心中浮現「我好生氣！」的念頭。過去一直被欺負、壓抑，而現在，我終於意識到自己受夠了，我必須為自己建立界限。

‧（三）允許一切自然發生

初期階段，受傷的情緒可能會激發仇恨與憤怒。但沒有關係，我選擇停留，給自己一些時間，允許這一切自然發生。其實，這並不難，因為當你能夠駕馭自己的狀態時，靈魂要滲透你就會變得容易，因為你敞開了自己，願意讓內心歸於平靜。這種方法就是：讓靈魂滲透它的渴望，讓自己安靜下來。說得直白一點，就是讓神來使用你。

然而，事實上，這個過程是相反的。是你主動允許神性進入你，滲透你的意識，洗滌你的舊有思惟。然後，當內在的雜訊沉澱，你自然會知道該怎麼做。但關鍵在於，你必須願意花時間與自己相處，簡單來說，就是靜心。

如果靜不下來呢？沒關係，那就接受自己當下的狀態。我可以選擇靜躺、放空、騎腳踏車，或是走進森林，讓自己沉浸在自然之中。在每一刻，當我再次回想起那個人辱罵我的表情時，我就這樣靜靜地看著它，直視它，直到內在的憤怒湧現。

隨著時間推移，這份憤怒將會轉化——我終於可以平靜地看著對方，不再害怕，因為我明白，我的生命不一定需要這個人，但我也不需要刻意推開他。我只是單純地不再畏懼他的強勢與羞辱，而這份受傷感，將會蛻變為勇氣，成為我力量的一部分。

・（四）忠於自己

再往下一步走，我將學會忠於自己。因為正是在這個過程中，靈魂才能真正滲透你，而這一切，正是無形卻深刻影響著你的力量。

・（五）和宇宙互相合作

我們要先跟 Asha 的靈魂說：「我是新來的能量。」但我非常清楚，她又不了解這是什麼，她怎麼可能答應呢？所以在我與靈魂連結的時候，我需要顯現這個力量可以帶給她的蛻變、可以帶給她的勇氣、可以帶給她的改變，和可以對她的印記有所作用。

所以我們是被過濾過的，而不是你們被我們神使用，或者是被宇宙使用。相反的，我們是互相合作、互相理解、互相提攜、互相知道對方的重要性。

所以在你們的生活中，如果有人跟你不對盤，頻率相當不同，請看著，內化它，讓自己的下盤充滿力量。

在讓自己充滿力量的同時，你要明白，當靈魂滲透你，你便開始擁有行動力；想要去做一些事情的時候，豐盛就會隨之而來。因為靈魂想要完成的事，從來不會缺少。而這個豐盛來自於你內在的空間，你要創造它的最大可能性，不僅僅是剛剛好，或是勉強夠用。

簡單來說，那些能夠被力量推著走的人，他們只是做了一件事：回到內在，清理它，開放它，提升它，原諒這個世界，包容這個世界，讓自己更有能力去愛自己、愛他人，就是向前邁進。

然而，你可能會說，有很多奸商也超有錢。但這並不是生命的永恆，也不是靈魂的永恆，它只是這一世你眼中看到的暫時。

因此，我很樂意成為參天大樹，而且我不喜歡被人知曉，也不希望一堆人跑來我面前摸摸我，因為我清楚自己的屬性。我遠遠地支持著很多人，我安於這種感覺，心中充滿喜樂。

就像我想成為一位照顧孩子的媽媽，我感受到平安與喜樂，並朝著這個方向前進，不帶恐懼。我知道，無論何時，只要需要我行動，我隨時可以採取行動。我是被宇宙整體力量帶著走的人，因此我並不孤單。我們是一體的。

但我所說的準則，都是在生命豐盛正向流動中被推著走的人。如果你想成為一個技巧高超的掠奪者，那就不在我們的管轄與興趣範圍之內。我們想要分享的，就是幫助你清理內在的空間。當你感到恐懼時，我會幫你清理，但你必須清楚知道該走的方向、想要變化的樣子、想要成為的人，讓它們一點一點地滲透到你的生活中。

如何連結內在神性？

所謂聆聽內在訊息，都往內與內在神性連結，而不是往外尋找一個高靈。大我和靈魂，其實都是我們個人的延伸；指導靈和精神導師是另外一些存在。而我們都有一個宇宙整體，細緻地在照顧我們。

・清理臍輪和海底輪

好好清理臍輪和海底輪，這將有助於連結內在神性、穩定性，以及減少工作方面不必要的阻礙。

當情緒來襲時，請去**接觸水**。水可以幫助你溶解一些結痂的印記，讓它們變得溫和與緩和。你也可以喝一杯水，喝完後感覺就像銀白色的液體進入你體內，讓這種能量充滿全身，然後代謝掉不需要的部分。

其實靜心的時候不一定要馬上接收訊息，先認識自己的身體，因此，你需要回到身體，去做一些最基本、最扎實的工作，也就是關注你的海底輪和臍輪。

其實，在靜心的時候，你只要將意念聚焦在這兩個脈輪上，然後冥想紅色的力量，去釋放你的臍輪和海底輪，讓紅色變得更加鮮亮。當你這樣做時，你就會知道接下來的下一步，內在會感到更加輕盈，並且不會再持續吸引一些不公平的事情。

．穿越頭腦的屏障

我是Asha的精神導師白長老。當你在連結的過程中，在身體與這些靈訊能量場之間，頭腦是人類最容易遇到的困難，讓你無法感覺到你的守護神、靈魂或高靈們。因為在連結時，你們可能分不清楚哪些是靈感、哪些是訊息、哪些是頭腦想像出來的。這如何穿越？

無形的力量與人連結時，是一個龐大的工程，需要許多時間。

有些人的天命是顯而易見的，比如Asha，她的天命就是成為管道。而有些人則是在經歷生命的種種後，萌生對靈性成長的渴望，並懷抱強烈的意願前行。這正是創造性的展現

——或許他們不會成為通靈人，但仍然能夠獲得靈感，接收來自宇宙的訊息，並在能量的滲透與引導下，穩步向前。事實上，這樣的人才是大多數。

然而，在連結的過程中，人類的頭腦往往成為一道屏障。但你要知道，當我談論這些時，我們的力量——尤其是無形界的力量與資源——遠遠超乎你的想像。當你的善意與意圖足夠純粹、強而有力，尤其是在與神性連結時，這份力量將會展現得更加明顯。這些無形的力量，遠比你的頭腦更為強大。

為什麼有些人能清晰接收訊息，並準確分辨哪些來自頭腦的思惟，哪些是真正的靈感？關鍵在於一個人是否總是以「自己」為出發點來行動。

直白地說，當一個人的思惟充滿「我要賺大錢」、「我要成功」、「我要建立一個大平台」，即便背後帶著「我想幫助人」的念頭，仍然可以感受到這份「大愛」在他的內心占據的比例究竟有多少。

人的思惟中充滿太多雜念，這正是頭腦形成屏障的原因。而當你學會放鬆、減少、簡化這些頭腦的聲音，真正的靈感才得以湧入，充盈你的內在，指引你向更高的層次前行。

・不要急著去「通靈」

所有的訊息都需要透過人來傳遞，這絕對不是像打開水龍頭一樣，流暢又輕而易舉。

它需要時間、耐心、真誠、信任與臣服，還要經歷無數次的嘗試，甚至犯錯的可能。然而，這一切都無需害怕，因為這就是練習的過程。

當你主動想要連結你的大我或神性時，在靜心的過程中，請記住：不要刻意去「抓」答案。你要知道，無形的世界其實非常淘氣，它不會單純地滿足你的好奇心或當下的渴望。

真正能帶來蛻變與成長的訊息，絕對不會只是為了滿足小我當下的需求，而是為了讓你站得穩、走得遠、看得廣。祂所關注的，是你更宏大的存在，是讓你的靈魂能夠在生生世世中都擁有這把「禮物的鑰匙」。

如果有一天，你收到一個「樂透要簽哪幾號會中」的訊息，那極有可能只是一些調皮的能量，例如愛開玩笑的靈體、調皮的路邊小鬼，甚至只是想與你聊天的土地公。這就像某些人玩碟仙一樣，訊息的準確度其實並不高，因為它並非來自你的更高自我，而是由你的欲望所吸引而來的低頻回應。

這也是為什麼有些人好像算命很準，其實有些只是迎合你的期待，因為這些訊息是你的內在渴望所吸引過來的，它只是在告訴你「你想聽的話」，而非真正對你靈魂成長有幫助的訊息。在這樣的情況下，我會告訴你：放下、放下、放下。不要亂，頭腦別亂。

其實，每個人都擁有通靈的能力，只是程度不同，時間長短不同，或許是在這一世開啟，或許是在來世顯現。但請記住，靈魂本就渴望與你溝通。所以，當我們靜坐時，不必急著「通靈」，也不用擔心自己做不到，而是一步一步地進步，讓今天的自己比昨天更好。

即便是Asha，她能清晰接收訊息，但如果當天她的頭腦充滿雜念，我們也無法給予她清晰的指引。因此，這是一個持續練習與學習的過程，讓自己每天都比前一天更清明、更加純粹。

・靈感與行動合一

當你覺得懶的時候，不一定要強迫自己靜坐，你可以透過行動來進入狀態。試試快走、運動，甚至只是起身做點事。有時候，在身體動起來的時候，訊息反而更容易接收。放鬆並專注於某件事時，靈感就會源源不絕地湧來。

靈界帶來的成長是作用於內在，而非外在表面的事物。因此，它會透過你每一次的探索與體驗，使你的內在更加茁壯，讓你逐漸學會安心地接納自己。這不正是修行的本質嗎？當你真正接納自己，力量便會隨之而來，而你也會在不斷嘗試與練習中，變得越來越清晰。

隨著時間推進，你會逐漸明白這一切究竟是什麼。你的思惟結構會轉變，你對生命的態度也會隨之改變，這就是進化的過程。

每個人前進的步調不同，有些人進步很快，有些人則需要更多時間。但無論快慢，關鍵在於允許自己犯錯，並將錯誤視為成長的一部分。某一天，你會突然發現：「欸，我現在越來越精準了！」你將變得更加篤定，不再需要頻繁尋求確認，而是開始主動行動，與流動的能量緊密連結，讓靈感與行動合而為一。

起初，你可能會覺得一切仍是分開的，但是當你付諸行動，自然會獲得來自內在與外在的回饋，而這些回饋將一點一滴累積，最終匯聚成強大的力量。

想要接通內在神性、與大我連結，確實需要一些技巧與練習。但隨著時間推移，這兩者會漸漸融合，你將發現內心時常湧現出一種深層的信任與喜悅。

⊙ 如何連結正確的頻率？

許多人在靜心或連結大我、神性時，都會問，該如何確保這個過程受到保護，並避免不必要的干擾？

CD高靈說，當你們接收大我、神性力量或內在神性時，最初往往是透過頂輪來接收（也許有人會從心的位置來感應），我們可以簡單理解為，訊息通常從頂輪開始進入。

大多數人透過頂輪接收訊息，因此，如何保護自己的氣場並確保連結正確的頻率，顯得尤為重要。我們需要真正依循內在神性的指引。

靜心時，請專注於頂輪，並想像自己的身體如同一座金字塔。頂輪如同金字塔的尖端，穩固地支撐著你的整個能量場。當你進行接訊時，試著觀想一座龐大的金字塔，它蘊藏著特殊的力量，能夠吸收周圍的頻率，幫助你穩定連結。當這個金字塔的能量與你合一時，你會逐漸感受到安全、平靜與心安。

接訊的過程，實際上是在開啟你的感知能力，關鍵是你的內心要感到安穩。若你身處於像是醫院、廟宇或其他能量複雜的場所，只要夠敏感，便能察覺到那裡的能量並非單一純粹。因此，學會穩定自身的頻率，讓自己與內在的神性對齊，是靈性成長的重要課題。

我們建議在居家環境中打造一個神聖空間，以維持自身的能量穩定與內在平靜。所謂的神聖空間，你可以融入金字塔的意象，但不一定要是傳統的埃及金字塔顏色。你可以選擇最符合自身能量、帶來安全感與保護力的金字塔形象，這將成為你的專屬能量場。

首先，在冥想時觀想一座宏偉的金字塔，將自己置身其中，如同國王密室中的國王。隨著時間推移，這座金字塔的形狀會逐漸縮小，直至金字塔的尖端與你的頂輪連接，金字塔的底部則與你的髖骨對應，成為你個人的能量防護場域。在這個狀態下，你能夠安定身心，靜心接收訊息，同時也能有效保護自身能量。

此外，蛋形光罩的保護冥想也是一種強大且實用的方式，但其效果通常會隨時間逐漸消退，大約兩小時後便需重新補強。

然而，當你與神性團隊的連結更加緊密，你會發現自己不再需要刻意進行保護，因為你知道祂們一直與你同在，而你也具備隨時回復能量的能力。即使偶爾感到能量波動或不適，這只是過程的一部分，當你快速穩定下來，便能進入更高層次的狀態。當你進入這個狀態，你將變得更加通透，甚至能協助他人。或許你會開始感受到各種感應或訊息，這一切都是循序漸進的歷程。

你的純真與開放，使你更容易接收訊息。雖然你的思緒時常翻湧，但正因你的本性純粹，心靈的開放性反而成為你最大的優勢，讓你能夠順利連結更高層次的智慧。

火的釋放靜心

我是 **AFA** 高靈。請將意念回到內在，我們想引導各位，簡單地清理臍輪與海底輪。這也是扎根的一部分，並且是今天要探討的重要內容之一。

1. 在靜躺或靜坐時，將雙手擺放成如附圖這個手勢，輕輕放在臍輪，意念專注於海底輪，透過意念引導能量流動，進行深層的淨化與調整。

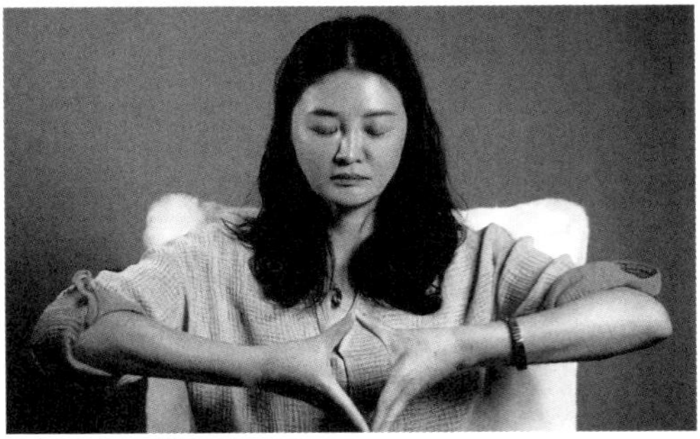

2.此刻請閉上雙眼，冥想並感受自己與地球深處的核心相連。從你所坐之處，意識深入地心，感受那源源不絕的火焰正在與你連結。

這道火焰正在清理你的海底輪，帶來純粹的轉化能量。這股來自地心的火焰，正是我們今日為你帶來的祝福與支持。

3.感受這道火焰，溫柔而堅定地釋放你海底輪中的恐懼，特別是與生存相關的焦慮與不安。隨著這股能量的流動，也將它帶向你的臍輪，清理其中的阻礙與沉積的情緒。

我們一直在談論行動力，希望這股火焰的力量能夠貫穿你的全身，深入清理你的海底輪與臍輪，讓你充滿動能與勇氣。

這股力量源自地球深處的熾熱能量，承載著蛻變與行動的啟示。願這道火焰支持你，讓你在正確的行動力上穩步前行。感受這股火焰在你的全身流動，燃燒並釋放體內的沉重感，清理恐懼、無知與迷茫，讓你的內在變得輕盈、純粹。

接下來兩天裡抽時間練習「火的釋放靜心」，這股能量將在你的身體內持續運行，你可能會感到身體發熱，請多喝水、洗澡，並多親近水元素，讓這份流動帶領你朝向靈魂真正的渴望。

⑤順流：串接地球、宇宙

今天很特別，我們已經在秋分的能量場裡。就像是春天播種、夏天等待，然後秋天就是收成跟豐收的時候。所以，秋分在靈性的意義上有個說法：秋分的時間其實就是與大地連結，享受喜悅豐盛的最佳時刻。

自從北極光能量來了以後，我們家的3C產品一直在出狀況。但我們心裡都知道，其實就是有一個很特別的能量進駐，它很有療癒性。其實我覺得它有一種爆炸性的清理，尤其是在我們的臍輪。

今天分享的主要是：與大地連結、認識豐饒意識這兩個方面。而會有哪些存在、哪些力量來支持我們？除了北極光能量，還有雪松、AFA高靈、雪士達的存有。

與大地連結

我的AFA高靈，祂帶給我們身體相關的訊息。我這幾天也跟大家經歷了許多應該面對、應該清理的：很多的往事、很多的記憶、很多的壓抑、很多的憤怒、很多的恐懼，都會被拋出來。我一直被提醒：身為人，如果大家沒有團結，核心地在一起互相帶著愛去支持彼此，在地球正在面臨很大的變化或蛻變的時候，會讓人以為自己是獨自一個人，然後走不下去，感到恐懼。甚至是，所有的負面都會湧現出來。

那我們怎麼穩定？你要享受豐盛，前提是你的身體夠穩嗎？你跟大地連結嗎？在地球這塊土地，在人性或者入世的遊戲規則裡，你是否可以同時在其中，又同時可以帶著覺察者的眼光，去支持自己變得更清明，然後更無懼？

我還邀請了一個雪士達的存有。二〇二三年秋分的時候我在雪士達，那年我們辦了一個秋分儀式，那時候我就接收到一股很強大的七彩顏色的力量，是來自雪士達山脈最主山的一個彩虹火焰般的力量。

引導我們內化的能量

高靈都是在引導我們去內化，連結我們內在的神性。例如，我們走進大自然，走進對生命的信任。但不是只是一直吸收能量，你就會活得更好。走進大自然是一種方式，最重要的是，你如何在這過程中藉力使力，把這股能量引導至自己的內在，去療癒、去提升意識，讓整體成為你的寶藏，而不是讓自己一直依賴外在的支持。

其實，可以放掉這種擔心，因為能量無所不在。而當你最需要的時候，想想看，你並不是一個人。你跟我一樣，有一大群團隊在幫助你。

所以，心誠則靈——去祈禱，去連結，去靜心，去信任。當我們走過這豐盛之流，相信大家會慢慢明白，高靈教我們的其實不是向外求，而是教你如何在這地球上、在人世間、在面對生活的所有態度中，有不同的提升與覺察力。

最重要的是勇氣。其實，所有的能量在清理氣場的時候，最根本的初衷就是幫助我們吸引好運氣。即使你的生命中有一些安排好的挫折要經歷，也要相信，你有絕對的力量和好運，可以因為你的信念而改變。每個人都是自己生命的建築師。

⊙ 在環境扎根，與身體連結

透過雪士達的能量，我們想要藉由秋分儀式做一個重要的清理。從大的範圍來看，是在宇宙間我們是否有扎根？而小的範圍，是在地球上我們是否有在這塊土地上扎根？再縮小範圍，我們是否與自己的身體有連結？

對於一個通靈人來說，與身體連結的最大優點就是：你會對自己的身體狀態非常靈敏，也會知道自己身體真正的需求。你不會讓自己的意念分散，因為你在你的中心點與身體連結。很多事情會從內在開始浮現：我有什麼感覺？身體需要什麼？需要什麼樣乾淨的環境？它都會告訴你。

當你與身體連結後，你的情緒部分會怎樣？其實，當你的臍輪與大地連結時，即使情緒遇到驚濤駭浪，你都能很快平穩下來。你會發現，過去不夠清明、不夠敏銳的地方，現在在這物質世界中，你不再感覺吃力、壓力大或充滿恐懼。

當你與身體連結時，你的情緒不再往上飄，也不會往外飛。它的最大幫助是，你在情緒中會有一股穩定的腹部力量，像母親的子宮一樣，供給所有的養分和信任。這種穩定性會讓你的情緒不再毛躁、暴躁，或在悲傷中無法自拔。

當我們與地球和解、融合、交融，創造出和諧的頻率時，我們就有可能創造出屬於自己生命的豐盛。不論數量多少，都是你的靈魂想要的，是你內在可以在這一輩子顯化、創造的結果。

認識豐饒意識

⊙ 雪士達彩虹力量

我們現在會將頻率轉給彩虹的力量，讓祂為我們進行一個秋分祈福儀式。

首先，請大家閉上眼睛，先安靜片刻，把手上的所有東西暫時放下。

請大家找到一個安靜、可以獨處的空間，適合靜心的地方。如果坐姿讓你無法完全放鬆，請聆聽身體的訊息，讓它找到最舒適的姿勢。

現在，有一些能量來自我們的朋友們，他們正在美國亞利桑那州的聖多納，那裡的大地力量非常厚實，也能支持我們。

請大家在心裡感恩聖多納的力量——這強大的大地能量，支持我們能夠釋放內心的恐懼，釋放我們在人際關係中所有的不自在、不安全感和疏離感。讓我們重新與大地連結，將這份安全感穩穩地扎根在內心，並將這穩定感帶入日常生活、物質創造和每個當下，讓我們能夠無懼的前進。

現在，我邀請所有對生命最良善、最高振動頻率的力量，來到這個空間，為我們創建一個神聖的保護場域。這神聖的空間不僅在當下保護我們，未來任何時候，當你感到混亂，或環境讓你感到不安時，都可以重新創建這樣的空間，它會讓你的身心迅速安定下來。

請開始深呼吸：讓骨盆穩穩地坐在地面或椅子上，感受頭腦的紛亂逐漸集中在腹部，並讓力量在那裡穩定下來。

・讓源頭力量充滿你

我是雪士達的力量。這片土地上累積了許多純粹且高振動頻率的能量，來自於宇宙外星系。而雪士達山，一直以來都是隱而不顯的。我希望，即便未來越來越多人知道這座山，它依然能保持這份隱而不顯的特質。

每個人都要在適當的時刻，能將自己的能量反芻，集中並穩定。

請在你們心裡召喚你靈魂來處的源頭力量。

現在，請想像自己面向著東方太陽升起的地方，發出一個強大的意圖。讓靈魂來處的源頭力量充滿你，讓它穩穩地支持著你，並回答你的問題：

「我是誰？」「我即將去哪？」「我可以回家嗎？」

親愛的孩子們，作為你靈魂的看顧者，我目睹你在地球上的每個經歷。當你痛苦時，我為你鼓掌，因為我知道你正在跨越一段偉大的旅程。我穩穩地接住你，帶你走向前方。當你放棄希望時，我與那些讓你受傷的靈魂對話，幫助你們重建連結，朝向愛與和解前進。

我們不曾放棄過往在地球經驗中的你，但我們也沒有權利將你應該經歷的一切粉飾太平。想要你始終喜樂的，只有光。我不這麼做，因為我看得到你所面對的挑戰，以及背後你正在茁壯、蓄積的能量。它是偉大的，那就是我們常常提到的——宇宙背後的祝福。

現在與雪士達彩虹的力量融合，我請你們深深吸氣——用鼻子吸入能量，讓它進入腹部，然後用嘴巴緩緩吐氣。重複六次。

當你與大地連結足夠穩定，你就不會再感到孤單、空虛，也不會在做任何事情時都去尋找愛。當你受到挫折或感到缺乏愛時，你的靈魂非常活躍，它會穿越時間與空間，尋找來自宇宙與地球能量點的支持。

現在，讓我們繼續呼吸，深深感受這份連結與支持。

當你看到一張雪士達的照片，其實也是我正要告訴你，你的靈魂已經到達那裡。在這個當下，你就可以連接到你的靈魂，成為一個沒有空間限制的人。

‧睡覺時的合作

在你睡覺的時候，靈魂還有很大的助益。當你的頭腦最放鬆、潛意識蓬勃發展、身體記憶不斷湧現的時候，靈魂有一個非常重要的職責，就是在你睡覺時去尋找並療癒所有的力量。

我們幾乎就是為了你而來到這裡，為了照顧你、保護你。我們沒有一刻是鬆懈的。所以，今天是我真心的大告白：當你受傷，當你睡覺的時候，為何你要背對著我，而沒有看見我？我可以直接進入你、支持你、保護你、聆聽你。我就是你生命的靈魂，對你身體賦予生命。

我們該如何合作呢？你該如何在每一個半夜，在你睡覺的時候，讓我們滲透你、釋放你、提升你？你該如何接得完整、接得滿、接得多、接得踏實？

你所需要的，就是頭腦放空、靜心、進行、走路、與心同在。如此一來，你便會得到我們的連結，也就是你在療癒你自己。

靈魂還有一個極為重要的任務，就是給予你靈感與訊息。

比如在某一個瞬間，我可以給你訊息，讓你突然明白：我為何而來？我為何正在經驗這一切？我該如何突破萬難？當我陷入絕望時，我該如何改變生命的軌道？我該如何重新活過來？

因為你詢問了，因為你提問了，我便擁有了權力——絕對的權力，以及絕對的能力——進入你，告訴你該怎麼做，該怎麼走，該如何讓自己支持自己，讓自己更強大、更堅定、更穩定、更有愛。

這就是我與你合作的方式。

・在流動與互相支持中體驗豐盛

地球很美妙，因為人可以擁有身體。正因為有了身體，你們可以行走。在行走的過程中，在國與國之間磁場變化的片刻，在某些空白與休息的時候——在咖啡館裡，在騎摩托車的路上，甚至在突然嚎啕大哭後的那十分鐘裡——我都在。我可以告訴你，孩子，我一直在這裡。

你現在要怎麼往前走？

金錢的能量，與你看待生命的態度，還有你內在的力量，以及你發出的顯化願力，其實是一個整體。這些能量是地球上顯化的方式之一，也是一種方便法門。

我們如何在創造金錢與物質生活的豐盛時，同時照顧好身、心、靈？這樣的流動與互相支持，才能讓我們真正體驗到何謂豐盛。

在地球上的行走過程中，當你越來越厚實，開始瓦解國與國之間的屏障、文化與文化之間的屏障，以及人與人之間的屏障，你就能夠進一步提升，認識到「豐饒意識」。

身為雪士達的彩虹光，坦白說，如果你們的創造只是為了名與利，那真的太老舊了，不符合地球當下的頻率。現在的地球頻率已經在迅速轉變，並即將進入更高維度的狀態。

然而，在這些變動中，我們需要體驗。現在所見的一切——那些極端的二元對立，都是為了迎接光明。這是為了讓你能夠真正駕馭好自己的黑暗與光明。

地球的進化過程，不只是外在的改變，更是你內在的整合。當你能夠在黑暗與光明中找到平衡，你就能在豐盛與豐饒中體現地球的真正美妙。

⊙秋分儀式

接著要進行一個秋分儀式。我們雪士達存有所有的力量可以支持你們，讓你們的眉心輪、臍輪與喉輪可以進一步地蛻變。這將是一個簡單但深入的儀式，可能需要一點時間，所以請各位先做好準備。

‧眉心與宇宙的意識交流

請閉上眼睛，將雙手放在膝蓋上，手掌攤開朝上。請感知你們的肩膀是否放鬆，確認你的脊椎是否筆直。請意識到，從你的頭頂到會陰之間，有一條直線支撐著你們的身心。

現在，請將你的意念放在眉心輪，保持身體放鬆，有意識地將全身的緊繃釋放掉，以沉默的方式，讓眉心與宇宙意識進行交流。在這秋分的早晨與晚上，我們做好一切準備，讓靈魂的源頭緊緊地連結、清理並提升我們的眉心輪。

雪士達的力量振動頻率極高，可能會讓身體有些不適或緊張，但我們將其化為放鬆的狀態。當我們意念聚焦於眉心輪時，首先，為我們的過去生、此生與未來世祝福。

‧感謝讓你不愉快的人事物教你成長

更重要的是，我們深深感激在地球記憶中，那些表面上似乎為我們帶來痛苦的人。事實上，從靈魂的角度看，他們是強而有力的教練，他們的出現讓我們邁進了一大步。他們是黑天使。在佛法或其他宗教中，可能會稱這些為因果業障，或生命過去的印記。但實際上，這些並非真正的黑暗，只是用另一種形式提醒我們，喚醒內在的光芒。

我們深深感謝此生中，所有曾經讓你痛苦的人和那些不愉快的記憶。我們選擇釋放這一切，成為生命的主宰。不再將力量交付外界，也不再困在過往的記憶中。

我們真心感謝那些教會我們成長的靈魂。無論這學習的過程多麼艱辛，他們讓我們更加堅強，也讓我們得以成長與進步。

我們深深感謝那些給予我們生命的學習，這些學習讓我們得以成長。同時，感謝給我們生命的父母，以及所有那些曾經帶來不愉快記憶、包袱和困擾的人與事。

・在當下轉念，為自己負責

你們擁有絕對的能力，能夠選擇在當下轉念。

身體、情緒與思惟之間是密切相關的。如果你總是讓自己陷入困擾，或者過度在意分別與執著，你就是在與自己的身體過不去。唯有愛、接納與放開，擁有更大的心量，你才能從這些困境中脫離，讓自己的身心感覺輕鬆、充滿能量。你可以選擇在每個當下，為自己的生命狀態和存在狀態負責。

待會來進行一個簡單的儀式，奉獻給那些在我們生命中，帶來酸甜苦辣學習的人們。這些人在我們的生命裡格外重要，但在經驗的過程中，希望我們不會入戲太深，讓自己感到過度痛苦。我們的目標是讓這些生命的印記和學習，不至於過度膨脹到主宰我們的生命狀態。那麼，該如何做到呢？

其實很簡單：當你的內在力量（也就是臍輪）打開時，氣場會變得更大。這樣一來，所有正在經歷的事情都會被稀釋，因為你變得更大、更寬廣，足以包容這些事情。你不再直接與它們碰撞，而是與之保持距離。當你的氣場擴大時，你便不再局限於面對眼前那看似可怕的事物，而是能夠用更宏觀的視角看待一切。

感謝生命中那些學習帶來的成長。當你的臍輪打開時，與大地的連結會更加穩固，這些困擾便會離你遠一些，給予你呼吸與覺察的空間。這是我們練習的核心。

將來，當你感到無法繼續，覺得身心俱疲時，請記得給自己創造一個空間，來關照整個事情。這意味著，讓事情與你保持一定距離，而不是完全重疊，讓自己不會感受到太大的痛苦。

但我們想告訴你：你的靈魂一直在守護你。我們也會請你的靈魂多多介入、多多照顧你。然而，生命的主宰權始終在你手中。物質世界的一切，都是你創造的。

這是雪士達帶給大家的祝福。

秋分靜心

怎麼樣可以讓自己有空間面對當下的經驗？

1. 首先，當你將意念放在第三眼的時候，去感覺你的身體，有意識地讓自己身體放鬆，然後連結靈魂來處源頭冥想：「我需要你的支持。」

放鬆就是在一個無的狀態裡，讓氣場更龐大，而不是縮緊的。

2. 接下來深吸深吐九次。可以感覺你的意念雖然在第三眼，但是你的腹部充滿力量。然後將自己的恐懼緩緩地吐出。一樣把意念放在眉心輪，同時感覺自己的身體放輕鬆。

第一次，當吸入的時候，讓自己的腹部充滿力量、能量，告訴自己：「身心健康。」然後，再用嘴巴緩緩地吐出。

第二次，一樣的，吸氣的時候，祈禱並祈求自己的靈魂來處，祝福自己身心健康。

第三次，一樣在每個人身上，祈求自己的靈魂來處，祝福自己身心健康。然後，再吐氣。

第四次，吸進所有彩虹的力量，讓彩虹力量的智慧到你全身心，幫助你最適合的部分，然後再緩緩地吐氣。

第五次，再深吸。這時候，將聖多納大地的力量吸進腹部，稍微讓它憋個幾秒鐘，將所有不屬於你的、經年累月的恐懼，吐出並流向大地。

第六次，智慧的力量，也是來自雪士達的力量。其實它是對應眉心輪的，可以開啟眉心輪的一股能量。我們一樣深吸，再緩緩地將所有生命中的不安，慢慢吐出。

第七次，深吸，這次讓能量吸進眉心輪，再緩緩地吐氣，把所有對通靈的誤解與對幻相的抓取，全部釋放。

第八次，一樣深吸，再緩緩地用嘴巴吐氣。

第九次，吸氣，吸收靈魂來處的支持與力量，然後將壓力與疲憊吐出，進入平靜狀態。

這樣看似很複雜，但將來你們可以直接連結靈魂來處的源頭，進行這九次深吸深吐。

我們再次邀請並祈禱：「我靈魂來處的源頭，充滿我。」

⊙「彩虹光」帶來的蛻變與靈感

在接下來的三年裡，如果每一位朋友可以聚焦在靈性的提升，而每一次靈性的提升都與物質世界的工作和創造有所連結的話，它會讓你在將來的三年裡，發生很多你意想不到的蛻變與靈感的到來。

這三年，地球的整個變化裡，其實是由「彩虹光」帶著主導的力量遍布全世界。你可以稱它為喜樂佛，也可以稱它為彩虹光。這股力量在這三年間，像是輪替般地充斥於地球的每個角落。而如何善用它，正是為什麼高靈們會傳達出「豐盛之流」。

彩虹力量的目的並不是讓你成為某種宗教人士或僅僅專注於靈性，而是有更大的意願與任務：落地，再落地。它是要你愛大地，與大地連結，與地球母親的孕育相融。

在這三年裡，地球會發生一些自然的變遷，而彩虹光的力量可以幫助我們穩穩地、安全地度過這些變化。當我們談論這些訊息時，相信你們能感知到一股蓬勃的力量在告訴你們，這三年對靈性追求者以及想要進化生命的人來說，是一條巨大的捷徑。

有太多力量正紛紛到來，而彩虹力量的本質正如其名，匯聚所有的光譜成為白光，代表生命悟道合一的力量。然而，彩虹力量也有其獨特性，能夠因應每個人的需求，提供專屬的智慧。

你怎麼獲得它？你怎麼在將來三年裡，可以一直記得善用這股力量？這也是我願意跟各位分享的。

・（一）靜下心來，與靈魂連結

在你真的覺得混亂，或者是被外界一些變化撞擊的時候，請靜下來，用眉心輪與你的靈魂來處源頭連結，深呼吸九次。你的身體記憶裡會知道，哪些是你靈魂需要獲取的，包括彩虹光、所有你需要的東西。

要提出你所需要的，但在提出的同時，你要敞開心，靜待佳音。讓彩虹光的力量充滿，讓你的身體自然而然成為一個非常正向的載體，讓所有的力量可以吸引往靈性發展。

這三年間的豐盛力量最特別的是，如果你願意敞開心胸走進這三年個人的靈性學習裡，忠於自己，你會發現那是一份很喜悅的創造，它是跟之前在你的生命裡完全不同的質地與呈現。在這個過程裡，我希望大家可以善用彩虹光。

‧（二）運用彩虹光穩定身心

如果你很擔心自己的身心無法歸於中心，或者整個人很躁動、受外界影響的時候，我會鼓勵你在最荒亂的時候，把左手掌放在你的臍輪，然後冥想彩虹光。

我們需要你們的邀請，因為我們代表著一種與你們互相陪伴的能量。但我們尊重你們所有的起心動念。你們需要了，我們就會供給；你們把心關起來，忙忙碌碌在自己的狀態裡，我們就無法靠近。

所以，在地球主宰的你們，在神性世界的我們，我們怎麼連接起非常和諧的橋梁？除了第一，九次呼吸可以連接靈魂以外；第二，就是冥想彩虹光，幫助你臍輪穩定下來。

‧（三）運用彩虹光進行清理

在你每一個工作場域裡，當你感覺好像很多環節沒有辦法聚攏、行不通的時候，或者你感覺走不過去，感覺不牢靠、不順流、不順利的時候，怎麼用彩虹的力量，讓自己可以真的經驗彩虹要帶給你的祝福呢？

彩虹光有一個很大的開啟，就是你與社會的關係，還有你與金錢的關係、你與工作的關係。它跟太陽神經叢有直接的關係。也就是說，在社會連結上，如果人與人之間能量場是緊繃的，帶著質疑、懷疑、不信任，你有再好的創造機會，都會因為我們的幻相與投射，而讓很多事情卡卡的。

所以，運用彩虹光進行清理也是這三年（從二〇二四年秋分到三年後二〇二七年的秋分）很重要的經驗，也是整體人類集體意識中很重要的學習與釋放。

當你覺得這個東西行不通，當你感覺恐懼，當你感覺不信任的時候，給自己三天的時間（我一直在講三六九，因為這是宇宙最和諧的數字），清理我們對外在世界的不愛、不包容、苛責、憤怒，所有的情緒與不信任。

你一樣可以邀請彩虹光幫助你清理，因為它會蓬勃地覆蓋著整個地球，而你只要借力使力，去認知它們可以幫助你。就如同邀請我們的能量的時候，很多人都感覺到那股龐大的能量，還有身心的舒展。

▪（四）進入宇宙全觀

或許你會問：「這樣跟我去找一個師父做法術，幫我除災、除惡、消因果有什麼不同呢？」完全不一樣，因為那些只是暫時的。即使很有效，它也是暫時的。但如果你知道宇宙現在磁場的密碼是什麼，並進入一個非常真誠的靈性學習與提升，長出愛與慈悲，深刻地與自己的靈魂智慧連結，那是無遠弗屆的。它是沒有前世、今生、未來世之分的。它是一個整體，存於你生命的脈絡裡。

歡迎你進入宇宙，這就是宇宙全觀的一部分。這就是人類開始知道，我們與地球的關係，地球與宇宙的關係，我與宇宙的關係，我與金錢的關係，其實，都是殊途同歸。

當你知道了這些關係，帶著謙卑和深厚的慈悲，老天會給你一條路。而這條路，你會感覺既新奇又喜悅、又好玩。

彩虹就是一個輕盈喜悅的力量。彩虹就是在人類意識處於極度密集轉換過程中，宇宙祝福你們的最大力量。這三年，真的很好、很多。

你會問：「那是不是像生命之花貼紙一樣，可以貼在身上、用在身上，來運用呢？」當然可以！

你可以為自己做一個彩虹的貼紙，或者自己用左手畫出彩虹的光芒，放在你認為需要被支持的地方，比如你的包包、你的床、你的書桌。但請用你的左手畫出來，因為這是靈魂透過你的左手，刻畫出來的一種與靈魂深刻連結的方式。

好好享用這三年的時間，與彩虹有所連結吧！

⊙提升意識，以「愛」解決問題

當有一個人的身心需要更多幫助時，就像地球上某個地方需要支持或靈性提升一樣，我們將意念灌注到那裡，給予祝福。而事實上，最大的受益者並不是那個被祝福的地方或人，而是我們這些祝福者。因為我們發出的意圖修補了那個「黑洞」，同時也釋放了我們自身焦灼的部分。

其實，人最大的痛苦在於，只看到自己的痛苦，而未能放開視野。事實上，這個世界上許多角落都有人在經歷類似的事情，我們的故事並不是唯一的。我們可以放寬心量，跳脫出自己的困境與障礙，這樣彩虹光就會再次強烈地滲透我們，而我們的意識也會隨之提升。

意識提升有什麼好處呢？

當我們把自己局限在狹隘的痛苦中，氣場會變得緊縮；但當我們願意放開心胸，視野和氣場就會無限擴大。彩虹光進來時，首先會清理我們的氣場。當氣場被清理乾淨，我們自然會有好運和好人緣，因為乾淨的氣場會吸引積極正向的能量。

一個人人緣好，生命的穩定性就提高了一半。你會感到左右逢源，不再害怕地球上發生的各種事情，也不害怕人類，因為你知道愛的存在，並且知道自己能夠創造愛、喚醒愛，並使他人因你而更加充滿愛。

彩虹光的滲透還有第二個重要的作用：它讓我們一直處於一個很有智慧的狀態。在地球大變動的時代，拉扯的能量無處不在，我們常常因為性急而用情緒來應對問題，但彩虹光會提升我們的意識，幫助我們以愛解決一切問題。即使過程中可能會經歷傷痛或憤怒，但最終，你會發現，只有愛能放過自己。

放開痛苦，拒絕讓它像「可怕的眼睛」一樣盯著你，不斷重播痛苦的經歷。現在我們知道，未來三年將有強大的彩虹力量支持著我們。彩虹力量無處不在，它是免費的，是公益的，沒有分別心。只要你相信，只要你敞開心，這股力量會自動與你連結，清理你的一切。

所以，當你進入森林，騎腳踏車，或只是放空自己，讓自己歸零時，彩虹光會自然地流入你的生命中，帶給你智慧、愛與平靜。

到位，引發順流

我們一直在講「臍輪」、「配與不配」、「我值得或不值得」，這些都與「臍輪」這個部位有很大的關係，那就是你生存的安全感。

現在雪松要引導我們：你真的以為自己不配嗎？什麼樣的人才匹配？什麼樣的人才可以被彩虹光護佑？你值得嗎，或是你不值得？這也是雪松要分享給大家的訊息。現在，我把所有頻率交給雪松。

⊙接受自己的平凡，感受自己的非凡

身為一棵雪松，被景仰的感覺讓我雀躍，因為我發現我是今天的主角，好多人在詢問，但其實我只是眾多雪松裡面的一棵。

為什麼我能在這裡？我代表什麼？我來自加拿大很北邊的雪松林，一個很北、很北、很北的地方，我就是其中一棵平凡無奇的雪松。為什麼要用這樣平凡無奇的身分來與大家交流？為什麼高靈允許一個平凡無奇的力量在此分享？

雪松到處都有，那麼我有什麼特別呢？我也說了，我平凡無奇，只是眾多雪松中的一棵。但在這裡，我感覺到尊貴，感覺到自己值得，感覺到自己配得上與各位說話。

首先，我想祝福每一個人，讓你們感受到我。不了解雪松的世界沒關係，我們只是宇宙合一頻率中的一部分，透過樹的形象互相唱名，在地球環繞的雪松林裡，汲取並傳遞力量。

我不是最強大的，但我們之間不存在強大或弱小，也不存在「你配得上」或「你不配」這樣的分別。因為在雪松林的世界裡，在意識交流的世界裡，在靈性成長的世界裡，在與地球人類共同提升的世界裡，我們的頻率是平等一致的。

所以，在我們的世界裡，沒有階級，只有一種存在——傳播力量，傳播可以洗滌人心的力量。它只存在於「近距離」與「遠距離」之間，就像你們的心門一樣。佛菩薩與你們之間的距離，其實也只是一念之間。在宇宙無形的世界裡，祂們也是一體的整體。只是在人類的心目中，幻化出了階級或力量強弱的分別。

此時此刻，閱讀這本書的你，在沒有身分、外在光環、背景的加持下，你聆聽著宇宙訊息，是否有感受到平靜、喜悅，以及生命敞開連結的一種安全感？你是否感覺到，閱讀這本書的你，在沒有交織著別人的眼光與期待的時候，是獨一無二的？當你也接受了自己只是平凡無奇的一部分時，你就能接納並擁抱自己，感受到自己獨一無二、非凡的存在。

當我完全接納自己平凡無奇的一面，同時也接納自己靈魂獨一無二、非凡的一面時，我便能開闊地包容萬事萬物。因為，即便身為平凡無奇的自己，我也知道，我擁有著一股獨一無二的非凡力量，可以將人們最困惑、最局限的部分一一打開。

抱持平常心地「到位」

我當然知道，在人類的頭腦中，可能無法即時以邏輯分析並理解這些話。但我一定要說，這就是我們的智慧、我們的語言，透過 Asha 的方式展現出來的樣貌。

我從未追求卓越或優越，也不想讓你們感覺到我多麼厲害。我真正追求的是——我們之間此時此刻在交流的能量，能夠完整地到位。

如果你們看待物質金錢時，也能抱持一樣的平常心，那會是多麼美好的一件事。錢不是萬能，但沒有錢萬萬不能。如果豐盛的創造是為了避免恐懼，那為何不以更大的平常心來面對？不論是在少量金錢裡，還是在龐大的財富裡，就如同我平凡無奇卻又擁有獨一無二非凡的力量，這兩者本是一體兩面。

當我的內在能同時容納這兩面的平常心時，其實我已然在雪松群中成為非凡的自己。因為，我能與自己的起心動念，以及自己的所有創造力，達到和諧一致。我不再追求優越與卓越，而是追求「到位」。

所以，當你追求的是那份中道的「到位」，你就不會在人群中穿梭於嫉妒、憤怒、沮喪、被否定、感覺沒有價值、不配或恐懼中。找到那份中庸之道，讓一切到位，允許你的靈性與宇宙資源連結，提升自我。

我的目標是成為能夠支持地球變得更好、內在光芒充足且每個行為都「到位」的自己。這樣的「到位」，是否會讓你感覺舒緩一些呢？

在所有的雪松群與雪松神的意識裡都知道，只要能「到位」，便已足夠。我不過度渲染，也不過度追求優越或極大的富裕。但在每一分每一秒中，做人處事的每個層面，我都讓自己身心修養到每個「到位」的狀態。

當你「到位」時，就會引發我們一直在談的「順流」——被推著走的狀態。如果你的心智始終緊繃，抱持著「我要做大事，我必須奉獻」的想法，或揹負許多靈性與大愛的使命包袱時，你的身體可能會感到疲憊，因為它無法放鬆，因為它太用力了。

但如果我的意識如同雪松，只追求「到位」，當我知道自己到位時，我便成為最佳的能量引導者。那麼，我還會有嫉妒嗎？還會有摧毀的念頭嗎？還會有貪婪嗎？

事實上，正是這樣的頻率，才會讓宇宙推著你，順流而行，前進不息。

⊙ 順流，活出到位的生活

至於什麼叫做順流？是坐在那邊等天時地利人和卻沒有行動嗎？當然不是。

也許你會問：我行動了，覺得這就是靈感、這是訊息，但怎麼結果感覺像在瞎忙呢？我們緩一緩。雪松的意識想要教會你、引導你的，就是「到位」。

「到位」就是：我現在的生活中，所有細小的日常、看似微不足道的事情，我都讓它到位。我會斷捨離，不會囤積，不會讓一切亂七八糟。我讓很多東西到位，讓很多東西斷捨離，讓自己到位。因為我知道，我不走極端。

我不要追求比誰更優秀，比誰更有錢。我追求的是迎接每一個頻率的到位，放輕鬆，在行動中也保持平常心。這並不是追求那些無趣的比較，也不是恐懼自己不如人，或試圖壓低別人。當你的頻率到位時，宇宙就會有力量推著你。因此，什麼叫做順流？你該怎麼做？答案是：活出一個到位的生活。

比如在直播時，把所有的技術器材處理到最完善，但也許仍然會有不完善的部分，不過，我已經盡力了。我讓每一件事情都盡量到位，但我不追求「這一定要最好」，或者討好別人，甚至去取悅大眾。這些都是暫時的，它不會是生命的永恆。

當你做任何事情，都只是希望「到位」時，你的身心自然會放輕鬆，而不是處在一種瞎忙、焦慮或緊張的狀態中。你不會害怕做不好、否定自己，或過度隨性。

「到位」就是有空間好好照顧自己。「到位」就是，我做每一件事都能覺得，這是用心完成的，讓我感覺過得去。「到位」就是我處在人群中時，非常清楚自己在做什麼，並且知道自己的起心動念，是希望人與人之間，因為彼此到位，而用愛、良善、和平的方式共同創造。

所以，在許多時候，當你內心擁有這種「到位」的概念時，你就不會過度競爭，不會急著爭取某個位置，也不會因某些點而焦慮。因為你非常清楚，宇宙的流是那麼大，它會推動你走向最合適的位置、最對的頻率，而你會因此充滿著愛。

⊙將「到位」與「無畏」的精神融入內在

有人問道：「為什麼只要到位？那卓越與到位有什麼區別？」其實我們想表達的是，起心動念不應該是為了成為那個最卓越的自己，而是在每個「到位」的過程中，自然會累積成卓越。只是有些人好高騖遠，想要立刻達到卓越，反而變得急躁，甚至增加對他人控制的欲望，失去了謙虛去欣賞他人的能力。

卓越不是目標，而是結果，是每一步「到位」後自然形成的累積。

為什麼地球上會有這麼多階級、暴力、戰爭？以及國家之間強勢與弱勢的不平衡？這些問題的根源其實在於，大家都想要成為那個「最優秀、最厲害」的人。

雪松只是想傳遞一個精神：如果我們能夠將「到位」與「無畏」的精神融入內在，並全心全意地去做好每一件事，你怎麼可能不卓越？因為在每一個「到位」的行動中，你都能品味到人與人、事與物之間的那種甜蜜交匯，充滿真誠、創造性與成功的能量。這些美好的體驗一定會自然而然地發生。

雪松想告訴你們一個基本的概念：當你能將平凡無奇的自己與非凡獨特的自己同時容納於意識與內在時，無論你做什麼事情，都能做到不疾不徐，既不會過於悲觀，也不會過於亢奮。因為在那個時刻，你已經接納了所有的可能性，而這正是雪松所傳遞的精神。

放下小我，彩虹光進入

接下來要分享的是雪松媽媽的故事。雪松媽媽生活在一片茂密的森林裡，提到她，也會提到彩虹的力量，彩虹的力量其實是非常強大的。

雪松的精神

當彩虹的力量接近人類時，我可以感受到它的能量。尤其當我看到 Asha 在處理學員能量場的時候，我發現有一類人，彩虹光特別容易進入他們，這類人能夠很容易放下小我，充滿謙虛之心。當你願意以一種非常強大的同理心和慈悲心，去看待自己與外在世界時，彩虹光就會非常容易進入你的身心，療癒你、支持你、幫助你。

這並不是說，那些人格特質較強烈的人就被放棄了，我只是想分享，什麼樣的人在這三年地球蛻變的過程中，能夠如獲珍寶，源源不絕地被祝福，並且持續前進。

關鍵在於，我們需要學習，身為地球上的一員，接受自己是芸芸眾生的一部分。我們既平凡無奇，但也非凡卓越。當社會的集體意識不斷鼓勵我們成為卓越的人，超越他人、追求優越時，我們往往會失去生命的本心，使得我們無法在「到位」的過程中，體驗所謂「順流」的幸福感，也無法感受到宇宙推動我們前進的那種創造力。

順流的確能讓我們事半功倍，縮短工作的時間和耗費的能量。當你被宇宙推著走時，你會接收到靈感，知道如何與人和善相處，創造和平的團隊，並化解內心的衝突。

‧雪松有神的意識

雪松媽媽想要分享的是雪松的精神。為什麼雪松有神的意識？為什麼雪松會彼此鳴響、彼此唱和？為什麼雪松在近幾年扮演支持地球提升的重要角色？這一切都來自雪松那種大無畏、無私的精神。

如果每個人都能接受自己是芸芸眾生的一部分，並因此產生慈悲心，同時認出自己靈魂中的非凡之處，那麼我們就能在每一個腳踏實地的行動中，創造並接受宇宙的引動推力。這種推力就像烈火一般，將我們放在最適合的位置，讓我們體驗到驚艷的喜悅感。

雪松媽媽之所以被稱為「媽媽」，絕不是因為階級的高低，而是因為她在雪松群中扮演著力量中心的角色。這個力量中心不是指她更高，而是她牽引著不同的雪松，就像護場的守護神。雪松媽媽的角色是照顧雪松群體，無私地、無分別心地支持著每一個雪松的成長與發展。

對應到人類，如果你正在經歷身體上的病痛或疑慮，該如何走向更正向的吸引力？要找到合適的醫生、合適的藥物、平順而精準的治療，其實與你的腹部有關。雪松媽媽想強調，雪松在面對風雨、外力損傷時，即使枝幹受損，它的脈絡依然存在，並且永恆不朽。

雪松的意識，就像神的意識，是不朽的、永恆的。即使被燒毀，它的靈魂意識依然在地底延續。這就是雪松精神的獨特之處，也是我們可以從中學習的智慧。

‧腹部是與大地連結的靈脈

今天，雪松媽媽和雪松父親想要分享的是，腹部的力量如何支持身體的能量，使之源源不絕。即使你生病了，我們仍然可以幫助自己，讓狀態回歸到位。

你可能會說，我們吃了太多不健康的食物，熬夜、抽菸、喝酒，導致了身體的不健康。但如果現在開始，你願意調整，我們可以讓身心靈重新回到健康的狀態。雪松媽媽今天想分享的，就是腹部的力量與氣息的重要性。

雪松的意識是永恆存在的，而人類的身體呢？人類的身體真的有那麼脆弱嗎？是否真的只能依賴外界的拯救呢？如果你病入膏肓，該如何幫助自己？或者在尚未生病之前，你又該如何幫助自己呢？

我們沒有樹根，但我們擁有靈脈。而我們的腹部與大地連結的那條靈脈，能夠賦予我們身體自我療癒的力量。當然，我明白，要達到人們能運用靈脈的力量來完全自我療癒，可能還需要很長的時間。因為人類面臨著太多的外來干擾——食品中的添加物、輻射、各種污染、環境變動，以及生活中的緊張壓力，這些都讓我們的身體無法完全放鬆。

然而，我們可以盡力而為。

當你深呼吸，將氣息吸入腹部時，請感覺自己穩穩地坐在大地上。你會感覺到一條靈脈連結著地心，非常穩定、非常直接。就像你的骨盆穩穩地坐在地球上，靈脈深入地心，連接到地球的核心，那裡蘊藏著源源不絕的火之力量。

當你將腹部的靈脈向下延伸時，就如同雪松的概念——我們是不朽的。而你的身體，也會自然而然地喚醒自癒的力量。但我要強調，這並不是說要你排斥西醫、中醫或其他療法。相反，你應該運用生命的智慧，決定使用何種輔助方式來暫時幫助自己渡過難關。

如果你正處於生病的過程中，比如需要接受手術，你可以嘗試將氣息深吸入腹部，同時冥想自己與地心連結在一起。我相信這種方法會幫助你趨吉避凶，讓一切變得更加順利。

即使你躺在病床上，你依然可以讓骨盆穩穩地放鬆，感覺腹部與地心之間有一條深深的連結。這時，你會感覺到一股暖暖的、穩定的力量，好像所有事情都到位了。你也會發現，這種狀態會幫助你吸引到合適的醫生、合適的手術室、合適的護士，以及最恰當的時間點。

雪松靜心：找回自我價值

接下來，我盡我可能的力量，來召喚北極圈的雪松能量。

1. 請將雙手放在膝蓋上，連結北極圈雪松的能量。

這股力量可以支持我們「無畏」，看到自己存在的「到位」。簡單來說，就是協助我們找回自我價值。

2. 跟著在心裡念：

「我歡迎雪松的力量聚集在這個空間裡，也歡迎無數來自西伯利亞阿納斯塔夏森林的雪松，以及北極圈靠近加拿大北方的雪松群們。」

在未來十年，雪松將成為一股非常強大的力量，因為地球需要更多無畏無私的精神。如果這十年間，地球的意識能夠蛻變到這個狀態，我相信會有越來越多人選擇對的領袖，支持對的事業。而這些事業能夠幫助地球，以更正向的方式蓬勃發展。

3. 安靜下來，去感受雪松的力量，將這股精神灌注到我們的意識裡。在心裡默念：

「我也歡迎雪松的力量進入我的心輪，讓我輕易跳脫自我的局限。現在，我們感受這股力量，用意念將它引導至我們的腹部與臍輪的位置。」

4. 默念：

「我願意真實的體驗宇宙的順流，讓我的行動與起心動念都與宇宙意識連結。」

5.最後默念：

「我會輕盈地走在人行道上，在每一步中體驗作為人類的謙卑，並由此生出對生命最深的敬意。當我們放下自我的時候，宇宙的流動就能推動我們，持續向前。」

雪松靜心

1.感受自己的骨盆穩穩坐落於大地，體會那股力量與脈絡，讓靈脈向地心連結。

請記住，只有愛能化解一切障礙。我們要學會先愛自己，照顧自己，並相信我們是被眷顧的。如果你真的需要幫助，請記得呼喚雪松，我一定會與你連結。

2.深深吸氣、深深吐氣，重複三次。

你是否體驗到某種「消失」的瞬間？這就是神的意識——自我消失的狀態。

3.最後，將雙手放在心輪上，深深感謝雪松群的力量。

你們都可以成為自己生命的主宰，讓生命的流推動你每一步走得穩、走得輕、走得遠。

當你在路上見到一棵雪松時，請閉上雙眼，雙手放在心輪上，謙虛且誠懇地問一句：

「我是否可以擁抱你？」你一定會得到一個溫暖的回應：「當然可以。」

接著，你可以向前擁抱雪松，讓自己的身心疲憊、困擾以及頭腦的障礙，隨著這個擁抱流向地心。在離開時，記得對雪松說一句話：「我可以的。」雪松會安心地看著你，以無畏無私的姿態走向更高頻率的自己。

雪松媽媽祝福你們，願所有的身體疼痛與不適，都能在雪松的能量中化解。同時，也要相信自己擁有啟動自癒能力的力量。不要害怕，相信我們。

即使雪松看似平凡無奇，卻蘊含著神的意識。同樣，在你疲憊的身體裡，也有一尊偉大的神性，祂會把你照顧得非常好。

記住，你是被眷顧的。每一棵雪松都敞開心扉，歡迎所有需要提升力量的人們，這就是我們來到這裡的意義與目的。讓我們一起到位吧！

4. 做完雪松靜心後，喝杯水，洗個手，同時用洗淨的雙手，撥一撥頭髮，拍一拍各個脈輪位置，手微濕沒關係，我們藉由水的力量，讓靜心過程中出來的東西釋放出來。

⊙烏魯魯幫助清理潛意識

有人提問，北半球秋分的時候，在南半球是春分。對於身處南半球的朋友們，CD 高靈說：彩虹的力量仍然存在，但蛻變的過程有所不同。

我想分享的這段訊息來自我過去的經歷——那是一段曾受到烏魯魯支持的經歷。

烏魯魯，是澳洲的一塊巨大岩石。它曾對我的臍輪調和產生了極大的幫助。在拜訪烏魯魯之前，我是一個極度敏感的人，總覺得自己輕飄飄的，無法真正看清自己的內在。我們長期訓練將自己放開，讓高靈或能量進來傳訊，因此需要把自己縮小、放在一旁。但烏魯魯卻幫助我調和了內在的一個重要部分。

對於烏魯魯，即使僅僅是看著它的照片，也能感到療癒。而烏魯魯對我的最大幫助是在臍輪的調和上。我沒有特別鼓勵大家刻意前往所謂的「能量點」旅行，因為每個人生命中的要務在生活裡。但如果你看到一張照片，能心存敬意並與它連結，那也是一種深刻的體驗。

現在，我將烏魯魯的訊息帶給大家。當烏魯魯傳來第一個訊息時，它以一個手勢比劃，這個手勢在他們無形的語言中並不是「NO」，而是代表著「終於見面了」。

南半球現在同樣充滿了彩虹的力量，只是在質地上略有不同。烏魯魯目前也充滿了這些彩虹能量，但南半球的彩虹力量正進行著另一個循環週期。實際上，自去年的南半球春分開始，彩虹力量就已經在支持著整體的能量提升與轉化。

而在今年，當北半球的人們處於臍輪的清理，以及喜悅與豐盛之流的能量中時，南半球則像是在鋪路一樣。南半球的朋友們，大約在明年六月之前，會有彩虹光的支持，而這段時間主要進行的是潛意識的清理。

烏魯魯，作為地球的臍輪能量中心，象徵著臍輪的力量。在我們的頻率中，烏魯魯可以支持你們穩定地展現臍輪的能量，並為明年做好創造性的準備。

在這個階段，為什麼要清理潛意識呢？就像播種的過程一樣，首先要打底，把那些累積已久、可能障礙我們的「無明」顯現出來，讓它被看到、被覺察、被清理與釋放。所以，在南半球的這段時間裡，你會發現許多事情浮現出來，這些可能是自己以前無法擁抱、無法面對的。

特別是在南半球秋分期間，直到一個月後，仍然會持續處於很強的秋分能量中。而你們的春分，則是一段將所有不願意看到的、已經遺忘的，或者始終無法放下的事物不斷浮現的時期。這些東西會一直出現，迫使你去穿透它、駕馭它、清理它。

如果你希望有一個清理潛意識的簡便方法，可以尋找烏魯魯的照片。這個方法北半球的人也可以用，因為能量沒有時間與空間的限制，只是在不同區域，磁場的影響有所不同。我現在大略說明烏魯魯與彩虹力量配合清理潛意識的方法。

當你看著烏魯魯的照片時，只需靜下心來，記得比一個手勢（如圖）：左手在前，右手在後，這表示「好久不見」。這樣，我們就能連結了。

接著，專注於烏魯魯，進行深呼吸與冥想彩虹光。採用「三次、六次或九次」的深呼吸，感受彩虹力量進入你的內在，洗淨那些累積多年的、放不下或忘不了的事物。我們透過這些力量，讓它們昇華，最終釋放它們。

◉烏魯魯幫助臍輪的能量調整

有一些朋友可能會發現，從開始看第五章〈順流：串接地球、宇宙〉後，肚子感覺有些異樣，可能有脹氣或其他不適，這都是正常的現象。放心吧，閱讀完後這些症狀會自然消失。該清理的就讓它清理，多吃蔬果，幫助排便，讓很多不需要的東西順利排出。

如果女性朋友正值經期，我建議一定要注意保暖。這次的經期可能會排出一些更深層的內在能量，所以要讓身體保持溫暖，幫助它順暢地排出。可以使用保暖墊放在肚子上，熱度會加速血液循環，讓身體內的能量更流暢地釋放出來。而對於其他朋友，我也建議透過運動來促進排毒，因為流汗是最好的排毒方式，幫助身體更好地調整。

今天主題仍然圍繞在臍輪的能量上，這是關於豐饒意識與大地連結的重要部分。後面會進行一個烏魯魯的靜心，因為烏魯魯能幫助臍輪的能量調整。

接下來是來自烏魯魯的傳訊：

・釋放生存恐懼，施展內在力量

「好久不見」，我們身處地球的力量中心，與雪松一樣，我們各自有著不同的職責。我們的力量是永恆不滅的，即使有一天地震讓烏魯魯損毀，我們的精神依然存在，永不消失。所有過去在此地留下的精神，都會持續不斷地提升。我們是進階版的存在，幫助地球的正向力量從未瓦解，這些力量遠遠超越當前的變動狀態。如果你們對生存充滿恐懼，害怕衣食住行的問題，或擔心各種帳單，那麼首先要讓自己無所畏懼。只有在無懼的狀態下，力量才能展開，才能連結到正確的人、事、物，幫助你重新出發。

我，烏魯魯，對應你們臍輪的能量。臍輪是非常重要的一環，它幫助釋放恐懼，特別是生存恐懼。生存恐懼同時涉及海底輪和臍輪，這些都是我們在人生中需要學習的課題。而臍輪的學習不僅僅關於生存，還包括如何施展內在的力量。

當你們在討論「配與不配」、「價值感與非價值感」時，這些話題其實都圍繞著臍輪的力量中心。在這條殊途同歸的道路上，烏魯魯能帶給你們的，就是幫助你們真正接納自己。同時，既擁有力量，又能允許他人展現自己的力量。這是一種無畏無私的精神，也是烏魯魯的精神。

現在，我將為大家奉獻能量，並引導這場靜心，祝福大家能夠活出無畏無私的精神。當你的力量展現時，物質世界的創造也會隨之進行。

所有事情的本質，其實都是殊途同歸的。希望你們能擁有一生穩固的力量，而不是依賴短暫、他人賦予的能量。這就是我們今天想要與你們分享的核心精神。

烏魯魯靜心：療癒臍輪

1. 請閉上眼睛。讓你的髖骨穩穩地坐在地上，或者在椅子上。放鬆你的肩膀，感受肩膀的力量，它穩穩地支持著你的頭部和身體。

當你閉上眼睛時，想像你的頭頂是三角形的頂端，而左右兩側的髖骨則是三角形的兩端。你也可以用左手掌輕輕地放在臍輪上，這樣可以讓你的腹部有更具體的感覺。

在療癒臍輪的過程中，你的身體可能會感到虛弱或不適，但三天後這些感覺就會結束，這是非常正常的現象。就像動手術取出不需要的細胞一樣，身體需要一些時間來恢復。

2. 開始深呼吸，用鼻子吸氣，然後用嘴巴吐氣。在每一次深吸氣時，將氣息帶入腹部；在每一次吐氣時，感覺你將臍輪中的恐懼釋放出去，讓它流向地心。

3. 做三次深吸氣與吐氣。第四次，吸氣，吐氣。第五次，第六次，再深吸，再吐氣。

這種呼吸方式可以幫助到敏感體質的人。如果在這過程中有打嗝、打哈欠，甚至輕微的嘔吐，這些都是正常的現象，代表你的身體正在調整和穩定。

4. 接著做第七次、第八次，再次深吸，再次吐氣。

5. 最後，第九次深吸氣，然後深深地吐氣。

祝福所有朋友們，特別是在北半球的你們，能夠在今年秋分時清理臍輪中的所有障礙，讓自己自由行走於地球，充滿無懼的精神；同時，也能夠互助支持，不僅幫助自己展現力量，也幫助他人發揮他們的潛能。

我們感到非常高興，能夠在這個時候來到這個空間，與大家分享這些訊息。

在最後，我們用「好久不見」的手勢，再次感謝並告別。

・「好久不見」，象徵圓滿與鬆開

這裡插播來自觀世音菩薩的頻率，跟「關係中的好久不見有關」。

在因果學習裡，人跟人之間的關係要圓滿，會有一個質地就是「鬆開」，能不能鬆開，跟你的內在有很大的關係。你是「因為太痛苦，所以急著分開」，還是「走過人生路後，我內在終於有能力，不會對他魂牽夢縈或是被他束縛了」？你的內在會清楚，當你們緣分圓滿的時候，你心裡會有一種鬆掉的感覺。

即使到現在他都沒變，但你的內在一直在做功課，就算結束這個因果關係，你的內在會知道，這是一個「圓滿」的質地。你很清楚：「我非常的歸於中心，我知道在這個關係裡，我提供不了更多給對方，我們是在一個願意放下的狀態，而內在沒有太多情緒。」

所謂的因果業力，通常都是因為我們情緒體跟這個人有很大的牽連，所以在整個局裡面，好像就會有一些故事在創造、在進行著，或者在重演著。這時候如果緣分很深，像一對夫妻，他們可能一同走過三十年的路了，其實已經在很多過程裡，都學到自己應該學的了。

而你在怎樣的情況下，知道自己的部分已經圓滿，可以獨立出來，並且願意放下了呢？

在經驗了所有情緒的糾葛，你最後有看到「對方出現在你眼前的意義」的時候，你就會開始有感恩的心。當你有感恩的心，你也可以永遠都會以善意的狀態去回應他，代表緣分已經到了可以放下的時候。

你或許會說：「我被家暴，我還沒有辦法感激，因為我很痛苦。在這個關係裡，我沒有辦法決定我要不要離開！」這時候，菩薩我就會想要告訴你，你要在內在做一點功課，因為你絕對有權利去選擇，讓自己在一個安全舒服、沒有暴力的空間。但你內在要做功課，才可以讓這個因果學習裡有「圓滿」，不會再延續。也就是，在你的內在功課裡，要能看出，這個人的存在，帶給你哪一些提升、改變與蛻變。

當你認出這個黑天使是宇宙背後的祝福，此刻你在因果關係裡，就是正走向圓滿。這跟你的起心動念有關。

如果你永遠氣呼呼，恨到極致，罵到不行！那就抱歉了，來世再見。但如果你願意做功課，帶著這個動機：「這個人有哪些優點？」當然，缺點你都體驗過，但你最後決定走向愛，你決定放過自己。此刻的放手，不只是關係本身，而是在你靈魂印記的故事裡真的圓滿。所以起心動念真的很重要。

就如有一個人，當他不想要把太多的包袱帶到來世，或讓這恩怨情仇繼續讓家庭傳承，在死亡的那一刻，他學會放下並臣服，也放下情感，心中產生無比的感激之情，感激所有人帶給他的一切，而不是帶著貪嗔癡或情緒怨念離開這個世界，通常他離開後，會有一堆光聚集，讓他很快地修復，走向另外一個更美好的生命狀態。

所以起心動念很重要。

當你決定不要再繼續某個工作的時候，我會告訴你，年輕的時候你可能會走得很快，但隨著智慧的增長，我們要學習穩定臍輪。

比如說工作上的合作關係，也許你們不適合在一起合作，但如果內在功課做足，臍輪夠穩，你會清楚知道，分開不再合作，對雙方應該都是好的，沒有你，他一樣會很好的，你也是祝福他的。當對方需要幫助的時候，你也在，只是你明白，你們不適合密切合作。

但這念頭不是心軟的，而是明確的，有力量的，真誠無私的，並且用無畏的精神去面對這份關係。

當你有這樣的心念，就不會延續「業力」。所以我們要做足內在的功課，讓很多緣分都可以用一個圓滿的方式前進，然後大家都是：「啊，終於又再見了！」下次、下輩子或來世再見的時候，是在比較輕盈的狀態下遇到對方。做足內在功課是很重要的！

．透過水的冥想和彩虹光清理身心

最後，我的高靈——白長老，祂想要給大家一些訊息：

接下來的三天到一個禮拜，有一些朋友可能會經歷很多情緒浮現，或者感覺身體疲倦；也有些人會覺得能量充滿。每個人的情況不一樣，但是敏感體質的朋友，可能會有一次大清理，尤其是臍輪的清理。

敏感體質的朋友是我們非常照顧的對象，我們也最清楚如何幫助你們。當臍輪被侵擾時，透過清理，你會變得更穩定，而不會像隻呱呱叫的青蛙。有些敏感體質的朋友，可能會頻繁打嗝，或感到敏感和不適，甚至覺得身體晃動。這些現象其實非常重要，需要被關注。

接下來的三天，建議盡量吃清淡的食物，避免油膩、加工或醃製食品，減少身體負擔。

此外，晚上洗澡時加入彩虹光的冥想是很重要的。

洗澡時，請想像水是充滿智慧的彩虹光，讓它清理全身。這些水會自動找到身體需要幫助的地方，進行支持。我們希望藉由這次秋分的能量，讓清理更深入，可能持續半個月，甚至到下個月。

不過，這一切都需要你的意願。如果你不願意，我們不會打擾你。但只要你願意，在洗澡時進行這樣的冥想，就能清理身心，達到深層的平衡。

重點是：透過水，冥想彩虹光，清理自己的身心。我希望，在不同頻率的能量穿梭中，不會讓你感到頭暈；相反地，希望這股能量能夠支持你們，幫助你們順利度過這次秋分，走過這段最濃密的能量期。

臍輪非常重要，它是地球上安全感的最大來源。如果想要創造物質或實現目標，必須擁有極大的信心與安全感，否則，你的心思會東抓西想，缺乏穩定性。但當臍輪穩定時，你的創造力會變得非常強大，並且能在適當時機做出明智的計畫，而不是頭腦混亂地行動或投機。即使是投資，穩定的臍輪也能幫助你清晰判斷，因為當你足夠穩定時，你的行動會更有力量。

⑥ 臣服：交託靈魂的神聖點化

待會兒的傳訊，我們將了解什麼是靈魂點化，什麼是臣服儀式。

在生命中創造靈魂天賦

在課程的期間，其實在背後我們無法看到的層面，沒有固定的時間，包含在你們睡覺的時候，我都能察覺到高靈們在與你們的神性連結，與你們的內在連結。連結的目的是什麼呢？

⊙交託靈魂的點化

他們說，所謂的靈魂點化，其實就是：在你內心中，有一個空間願意交給更偉大的神性，而這神性存於我們的內在；也願意再交託給更大的宇宙，因為它創造了一切。現在支持我們的這些力量或者是生命的歷程，都是為了幫你解鎖，幫助你的內在與外在、你與地球、更大層面上的你與宇宙之間。

我們一定都有一些故事、一些記憶和生命的力量。最終，只有愛與合一，與內在神性有了非常妥善的連結，我們才有可能讓靈魂的意願、對神性的臣服，以及靈魂對宇宙的交託，逐漸實現。在每一個空間裡、每一刻、每一天，我們今天比昨天好一點點，而明天、下一秒鐘，比現在更進步一些。

現在所有的能量都開始聚集。今天會有我的精神導師白長老，以及我的CD高靈和AFA高靈。祂們三位從小陪伴我成長。其實，祂們的頻率，如果放在佛教中，可以說是諸佛菩薩；若放在基督教或天主教中，可以說是聖者。

在這個世界裡，其實每一個頻率都在一整體之中。只是在每一個頻率中，我們內在會顯化出神性；或者當我們的靈魂有一個意願，想交託給更大的自己時，我們內在就會開始召喚，召喚所有可以幫助我們變得更強大、更敏銳、更具直覺力、更能展現天賦的力量。

本章的核心共有三個主題：你的靈魂天賦、你在地球上要交託的是什麼，以及此生與地球之間的靈魂契約與約定。

我們需要做的，就是在能量層面更進一步地接軌。當你與豐盛之流的能量對齊後，從二〇二五年到二〇二六年，顯化的力量將逐漸增強，更多實際的創意也會一點一滴地流入你的生命。

如果你願意醒過來，願意覺察，願意掌握生命中想要蛻變的勇氣與空間，歡迎你們在這三年間，好好與你們的靈魂和精神團隊建立更深入的連結。而這股力量將會伴隨著你生生世世。高靈希望教你們的是，學會如何將這個魔法棒和權杖好好地拿起來，拿到手中放在心裡，支持你們的脊椎。在每一步行走時，你擁有權杖和魔法杖，而不是需要拐杖。

交託靈魂的點化，更深層的蛻變與提升，是指真正活出此生你靈魂在這個地球的約定，尤其是發光發亮的部分。

⊙創造神聖空間

現在，我將把所有的頻率匯聚，共同創造一個神聖的空間。請將你們繁忙的手機放下，如果在移動中，請穩定下來。在這個空間裡，大家都靜下來，不再處於移動的狀態，這會對整體的神聖空間有所幫助。這代表此時此刻，你深入地與自己的靈魂連結在一起，你願意以靈魂的力量創造一個非常穩定的神聖空間。

請各位閉上眼睛。能量非常強大，所以心臟會砰砰跳。我們要嘗試在能量沖刷我們的時候保持穩定。

我是 AFA 高靈，也是 Asha 從小到大的貼身指導靈。我負責帶領她學習如何在地球上扎根。我相信，很多敏感體質的朋友或追求身心靈的人，當你們的身心越來越開放，氣場越來越敏銳時，就會開始學習扎根。真正的扎根能防止虛空的靈性訊息變得空泛。我們要學習扎根，與地球建立更深刻的連結，這樣才能將美麗的創意實現並顯化於世界上。

神聖空間能在任何時刻幫助你們建立結界，你們可以用意念迅速為自己創造出一個神聖空間。我相信，當你內在有很多的故事或連結，你會需要這樣的空間。在靜心時，在工作時，或在處理生活中的任何狀況時，這個空間都能讓你的身心保持穩定。

・往內探索

首先，我禮敬你們各位身後強大的力量。在我們的無形世界中，能量的高與低都在一個整體裡。高與低是人類頭腦的判別，但在高與低之間，就如同光明的色調，越朝向更高的蛻變時，它會越明亮、越純粹。而黑暗，在最深的黑暗裡，就是靜定的黑。

如果以色彩如同墨水般來形容光明與黑暗，你將如何揮灑出你生命的層次呢？色彩的調和來自於你內在是否願意往內探索，從內在去創造所有外在的實相。

許多人認為，天賦是藉由外力將某事做到淋漓盡致，但其實所有的天賦、檔案、資源與能力，都已經存在地球的輪迴中，都被放置在你的內在，你需要的是幫助這些天賦開花結果。

然而，當人們審視內在時，常常會遇到瓶頸。因為當我們看向內在時，通常會帶有人類戲劇性的人格，喜歡觀看具有挑戰性的事物。因此，當你檢視或自省內在時，可能容易被所謂的陰暗面或印記所干擾，甚至被外界正在發生的一些挫折所影響，以為這個世界只有挫折。

而神聖空間可以幫助你在一個安全純粹的環境中，更接近自己的靈魂本心、更接近內在、更接近大我，重新與你內在的神性相遇，或更深入了解神性。這就是創造一個心無旁騖的空間。

當你處於一個神聖空間中，願意探索自己內在的寶藏，一一發掘時，你就走在正確的道路上。當你願意看到自己，甚至在生命浮沉中，看見未曾琢磨出光芒的自己，或許能扎實地在身體中感受所有能量的運作。

在世界無形的實相中，能量是無法欺騙的，但人的頭腦會持續挑戰、欺瞞和誘導你走向最不適合你的道路。那麼，如何辨別頭腦的聲音與內在的聲音呢？

我是AFA高靈，我專門照顧Asha，確保她的身體與地球之間保持連結與穩定。很多答案在於你與身體之間的關係，這種關係需要什麼樣的連結呢？就是要讓自己安靜下來，感受我和我的身體之間，是否能量平衡？還是我一直在抓取、接受外來的挑戰？或是我一直覺得我需要這個，所以我要做得更好？

我當然希望祝福你們，每一件事都能做得漂漂亮亮的。但是怎麼開始呢？大家羨慕通靈人，認為通靈人可以避開所有的苦難，因為他知道答案。其實不然，通靈人只是比別人多了百分之五的能力，就是可以接通我們。但通靈人跟所有人一樣，也有每個靈魂所設計的學習課題。

總之，讓自己單單純純地與內在、身體、身心靈魂和精神團隊們在一起。現在，我要教導並引導你們如何為自己創造神聖空間。

創造自己的神聖空間

在每一個神聖空間，如果人們願意放下身旁忙碌的事，將心回到當下，心的頻率調整到一個神性狀態，不僅會對地球帶來很大的支持，並能使它蛻變成正向的力量。

1. 將所有的意念放在你的心輪，就是胸口中間的位置。你也可以用左手放在心輪上，來幫助能量更好地流動。將你的呼吸逐漸調整到緩慢平和，希望你們不會錯過這個與靈魂交會的時間。

2. 記得，當你們的意念放在心輪上時，下一個意圖：

「我最偉大的靈魂，請支持我，也請護持我的能量，幫助我的身心被宇宙照顧與整合。願我能夠覺察內在，看見生命的印記，並看到在所有劇碼中的自己。」

此時，你也許會看到守護你的精神導師是誰。請懷著信任的心去看待，不要用頭腦去分析它。

3. 從你的心輪開始，如同一個放射光芒的載體，你會感受到心輪散發出獨特而絢麗的彩色光芒。

之所以稱作彩色光芒，是因為在這兩年裡，地球將被美麗的彩虹光籠罩，許多人會因此覺醒。從你的心輪，你能感受到強大的彩虹光，這光芒照亮了你的身體和你所在的空間。

4. 接著，我們給這彩虹光一個指令：

「保護並結界我的身心，在這個空間裡沒有任何存在的靈體，也沒有人們的意念進入這個空間。」

你內在有多篤定，這個被你創造出來的神聖空間就有多穩定。

恐懼是對人們意念的開放，尤其是惡意的意念或負面的集體新聞。然而，我們可以為自己創造一個神聖空間，讓自己存在於一個無染、沒有過多社會或親朋好友期待的環境中。

・本著初心

我是CD高靈，讓我們共同調整頻率，進入我們內在靈魂與神聖頻率的境界。

心寬念純，你就會成為宇宙推動的載體。載體不代表是通靈人，而是能夠創造自己內在與靈魂意圖顯化能力的人。

在這個神聖空間裡，沒有任何存在、靈體或意念可以進入。這個內在指令下得有多明確、多篤定，你的力量就會同步正向增長。如果你在設定時心存疑慮，如：「我做得到嗎？

我有做好嗎？好恐懼！」那麼你的內在力量就是動搖的。

尤其是與靈魂連結時，如何篤定你下的旨意是清晰、明確、果斷而深刻的？當你在創造神聖空間時是篤定、有力量、明確時，在生命中創造靈魂天賦的能力，必然也是心寬念純、篤定且明確的，沒有其他分散的、瞎忙的、恐懼的狀態，它絕對是一致的。所有最頂尖的人都是在專注的狀態中創造可能性，他們不會隨便分心或在路上見到什麼就停下來。

我們可以放輕鬆，但內心對自己靈魂在地球和宇宙中扮演的角色裡，都可以以最深的意願、最清晰的覺醒，直率而專注地向前邁進。它就是整個生命的力量中心，讓你可以順流顯化你在所有生命裡正在顯化的。它是最本質的根本。

簡單來說，心寬念純就是你的初心。我們往往會被集體意識和內在脆弱的聲音打敗，但要記得，在被打敗時，為自己創造一個神聖空間，再度站起來。

認識靈魂的意願和初衷

我們再深入地探討，希望能幫助每個人，在更深層次上認識靈魂的意願和初衷，你身為人最大的初心。

現在將意念放在心輪，也就是胸口的部分，這個地方連接著靈魂。

有人說「心通」其實就是接收到靈魂的旨意，但現代人太忙碌，常常這個旨意還未到達時，靈魂已經看著你飛到別的地方。但它總是從容不迫地一點一滴陪伴著你。

現在，我想提醒大家，不要因一時的貪玩而忘了初心。因此，我鼓勵大家多與靈魂連結，因為它會告訴你所有潛藏的能力和應該跨越的界限，讓你活得更充實、更滋潤、更有力量。

將意念放在心輪，我允許靈魂與我的心更深的連結。

‧地心的力量

親愛的孩子們，我是地球的地心。在很古老的時候，我都見過你們。地心會出現在這個場域，是因為你們的靈魂召喚了我們的出現。我們來到這裡被賦予了一個任務，就是：支持你們與地球更扎根、更擁抱、更自在，你的靈魂與你的心更靠近。你沒有任何外來的包伏，更可以輕易地放掉儲存在你心裡的創傷。地心的力量一直在支持地球，活出更輕盈次元的、在因果次元裡跳躍式的成長。

在整個地球表面，光明與黑暗呈現了許多掙扎與對立。我們需要更多覺醒的人來守護地球的平衡。在地心的世界中，有各種意想不到的存在、能量體和頻率。它們能支持人們什麼？你一定意想不到，所有的穿透都是為了完成「人與大地萬物心電感應」的能力。

（傳訊到一半，Asha 提問：）

心電感應？這是「豐盛之流」，祢可否教教大家怎麼如實顯化物質界的渴求？祢在教心電感應，這樣讀者會覺得買錯書了！

我充滿著智慧，我知道怎麼回應你！

‧欣喜，創造正向的吸引力法則

當一個人的心沒有被多重的包袱和創傷所影響時，他就能活出愛的品質和靈性的生命態度。他會從容地對待生命，以更喜悅的方式活出個人的色彩。

在物質界中，當你感到欣喜時，你就是在創造一個正向的吸引力法則。可見心電感應是多麼的重要。因為宇宙賜予你生命，給予你來到地球遊樂的簽證，它一定會讓你吃得飽、穿得暖，並且能夠更擴大、更回到初心。你一定會足夠，因為豐盛在你。了解你與地球的關係，不是為了討債還債，而是為了和解後的重新創造。

親愛的孩子們，當地心的力量出現，當我把能量輸送到你們的心輪時，我想告訴你，你擁有全世界。因為你已經開始知道，這份愛不是只存在於仇恨、怨念、悲傷、印記、苦難中。和解吧，這就是我今天來的目的。

地心靜心：釋放糾結

深呼吸六次，地心的力量祝福你們，敞開心，將心的頻率調整到一個純粹的境界，能夠愛你生活中的一切，包含珍愛金錢。

金錢並不污穢，金錢總是被投射出很多角色，但它其實與能量無異，也和一杯水無異。它在提供，只是你如何看待它、善用它、擁有它、創造它。

1. 深呼吸，將地心的力量吸入，充滿全身，再用嘴巴緩緩吐氣。在吐氣過程中，將心中所有的包袱和所有堵塞空間的東西全部釋放。

深吸然後用嘴巴緩緩地吐氣，讓地心全盤接收心中的負擔吧！這承接你們釋放的，就是靈魂神聖空間和你們的精神導師們。你永遠擁有祂們，不是只有我們。

2. 再吸。充滿身心。然後，將心中的糾結釋放。

3. 第三次，深吸氣。再緩緩地吐氣，把心中的受傷、憤怒與抱怨釋放吧！所有的好運會逐漸展開。

現在大家都還在療癒階段，你會感覺所有壓抑的情緒像是藏不住一樣。不要害怕，面對它，穿越它，這會很快過去的。

4. 再深吸一口氣。把心中的恐懼平穩地吐出，讓它流向地心。

5. 再深吸一口氣。這次吸進的是你的諸佛菩薩、你的耶穌、你的主神們要給你的力量。
深深地吸進來，讓心靈輕盈，讓心靈飛揚吧！
6. 深吐，將所有心的恐懼不安全，交給你的守護者吧！

如何連接到你的精神導師？

親愛的孩子們，我是白長老，也是Asha的精神導師。我想與大家分享，如何連接到你們的精神導師。祂也許不是一個人的形象，如同我是一束白光。

所謂的精神導師，就是看顧你的最高指導原則，祂就像學校的校長。而你如何去連接辨識呢？祂會提供你意識的提升。畢竟，祂的最大目的就是把你帶回家，走向合一。

所以，如果你要祈求金錢的能量，與靈魂和你的守護神合作，會比較實際。當身體還在學習，如果你的意識飄得太遠、拉得很高，你對物質世界是毫無興趣的。

⊙ 心電感應

我想讓你們學會，在物質世界創造的疲勞之餘，能夠知道，在很遠很遠的地方，有位如父親或母親的形象在看著你。祂永遠慈祥地看著你，完全不會嘆氣搖頭，因為祂知道，祂的職責就是：在最包容、最無私、最無條件支持你的時候，你便會走向祂。

現在嘗試連結你們的精神導師。這份連結可以讓你們抽離現場，讓你們活出輕盈，瞥見生命中沒有因果業力循環的包袱時，可以擁有什麼樣的內在品質？

透過眉心輪與精神導師建立連結

1. 現在，將意念放在你們的第三眼——眉心輪。
2. 將意念放在眉心輪的時候，請下一個指令：

「**我接收精神導師和我的心電感應，讓我充滿信心。**」

如果你跟精神導師的能量連結非常地流暢，你就不會誤判生命，太過度樂觀或太天馬行空，無法落實。

真正與精神導師連結的你，就如同祂帶著你走進一個伸手不見五指的黑洞，周圍有許多石頭，你需要攀岩。而這股力量就如同一個內在的指引力量，只需微弱的燈光，你便能憑藉心電感應知道你要前往的方向，而不是像無頭蒼蠅般困在現狀中。

體驗與精神導師連結的感受吧！

請記得，最清晰的明燈，是存在於你的內心深處，你與祂之間的連結。請求你的精神導師們，給予你更多的心電感應，讓你敞開心扉去接收這來自宇宙父母的祝福。

3.請在心中默想：

「我允許我與精神導師透過眉心輪建立更深刻的連結，所有連結將在靈魂至高至善的旨意下實現。我願意臣服於宇宙，成為我靈魂最通透的載體。」

4.將意念集中在眉心輪，放輕鬆，記得舒緩呼吸。請精神導師們再次給予最強大的心電感應，讓我的身心能夠察覺到與你連結。

5.將你的左手掌心放在腹部臍輪上。顯化需要大量的力量與行動力，而行動力需明快且輕盈。把左手掌心放在臍輪上。地心再次支持著大家。

・真正的陽性力量

我們感知到，在人類的地球生命活動中，現今展現的陽性力量並非靈魂的真實力量。現今的陽性力量充滿了煩躁、對立、占有、爭奪與憤怒，在人類各種集體意識下，像個壓力鍋無處可洩。這就是為什麼許多傷害的故事不斷發生。

無論在哪個層面，我們都無權剝奪他人的生命，更無權傷害他人的生活，也不能掠奪他人所擁有的。這是在地球上必須被釋放與正視改善的部分，也是地心想傳達給人類的訊息。當你感到復仇、仇恨與怨念時，要知道，這只是你的停滯，而我們必須將其轉化為真力量。

在這繁忙的世界中，我們要聆聽來自靈魂、宇宙及內心的真正聲音，包含我們所談的真力量。這些看似好空虛，對我們來說卻輕而易舉，因為我們擁有心電感應。但對人類來說，卻有著各種聲音，各種集體畫面、看法、念頭與故事。這些交錯的想法，讓你們辛苦不已。

時常為自己創立神聖空間吧！在這個空間裡，你可以安心滋養自己。你不會因為講了三個小時的電話而改變，但在這三小時的對話中，你會看到是與不是、舒適與不舒適，然後你會感謝老天給了你覺察的契機和線索。

接下來的功夫就在於個人的修為，所以我會支持大家，沒事就創造屬於自己的空間。因為在最有保護力的空間裡，你會瞥見真心。那些地心充滿力量的存在們，想要你們感受真正的力量，想要祝福你們在每一步的創造中感受到生命的踏實，讓心很踏實，身體的行動很安心、很穩定。

・種下「真力量」的種子

在進入〈臣服：交託靈魂的神聖點化〉這章前，或許會有人肚子痛，那是我們引發的，抱歉。但我們真的很希望，與我們有交集的你們，即使不是全世界的大眾，但可以被種下真力量的種子，你們就會支持其他人，支持家人朋友，你會活出自己生命的光芒。它完全不是一個「集體期待你變成」的樣子，而這個光芒會吸引很多貴人和好運，因為它是純粹的。沒有人會去傷害一個如嬰兒般純真的人，和想要擦亮自己真心的人。

現在，將你們的意念放在臍輪，希望你們隨著呼吸，深吸到你的腹部，然後感覺身體的下盤，與地球逐漸地融入，甚至慢慢像樹根一樣與地心連接。

深吸，將氣吸到腹部，再緩緩吐氣。你們的意念要感覺自己的下盤越來越穩定，這會幫助你們在忙碌的生活中，仍然感覺被地球支持著，讓你不至於茫然、空虛、疲憊不堪，甚至失魂落魄。相反地，你會知道你會活得很好，而且這與他人無關，是與自己有關。所有阻礙你們展現力量的臍輪印記，請消融它吧！

當每一個人開始認識到「真力量」時，會有越來越多擁有獨特天賦的朋友們，在這個地球是感到安全的，因為這個世界有太多偽陽性力量，導致身心敏感、純淨的靈魂感到不安全。然而，地心的我們想要告訴你，無論外在如何、外境如何，知道如何穩定，才是發展「真力量」的方法。

讓自己踏實，感覺自己下盤如同一棵大樹，根深柢固地扎進地心，與地心世界的我們做連結。祝福所有願意更了解真力量的朋友們，可以綻放屬於你們內在最純淨的力量，可以幫助全世界進入另外一個蛻變的資源。

我講這些的時候，你應該會感應到這力量背後，沒有期待與必須，也沒有哀怨，不論做到與否，它就是這麼純粹。沒有任何一個天命任務，是在苦撐或被賦予的包袱中壓縮原本的生命喜樂而發生的。這是過去的宗教模式，但在後新時代與地球更新時代裡，我們是互助的。我們在傳遞真力量，互相幫助地球提升時，要永遠記得這個訊息是中立的。

它是心生喜悅的發生，它不是「現在不做何時做」，因為每一刻，你都是在展現最新的自己。向內探索，找到你的任務或你真正想做的事，讓自己更純淨、更心寬念純、更信任、更交託。如果你糾結於做得好壞、對錯，那麼與地心連結後，你就會明白何謂真力量。

真力量不會囤積新的因果故事，真力量只會蓄勢待發，明確地、果斷地、放下自我地，在整體的流動中願意給予。因為靠近合一，靠近愛。

我希望能夠與你們的臍輪建立更深厚的連結。不要恐懼，我們一起調整到一個信任的頻率。交託，放下所有自我譴責和妄自菲薄的屈從狀態。

我們再深吸，將很輕盈靠近內在神性品質的，吸入腹部。再緩緩的吐氣，再深吸。你是被保護的，你絕對的安全，你不疲憊，你信任的，如同一顆大樹將自己的能量向地心深扎，穩定在地球的中心點，無所畏懼。

謝謝你們的信任。再深深吸氣，然後緩緩吐氣，再深吸，再緩吐。

⊙靈感來自放鬆

有些人儘管眉心隱約感到震動，但無法透過心電感應接收到訊息。這就是為什麼祂們一直強調——放輕鬆。

在靈性身心整合過程中，並沒有標準答案，但這也不代表我們應該向外尋找。我明白，大家習慣用頭腦去追求答案，或者試圖抓住眼前的一切。然而，我希望大家能放下思惟的執著，去感受那些從內在湧現、與你深層連結的靈感。這正是宇宙想告訴你的。

・尊重而不刻意

我們經常談論靈感、接訊、傳訊、天賦，或者那種「天外飛來一筆」的瞬間領悟。但其實，多數時候，我與宇宙或訊息的連結，並不是透過刻意擁有來實現的。因為我知道，急不得。高靈一直提醒我，所有與生命蛻變、與靈魂成長相關的事情，確實需要你的專注與覺察，但同時，也要給自己足夠的時間，讓這份連結變得更寬鬆、更流動、更無懼，並與神性更加直接、緊密地交融。

我們所處的地球，陽性能量較為強烈且粗糙，因此我們似乎被教導要「努力去做」、要「認真用力」，彷彿只有這樣才能達成目標。然而，在地心文明的世界裡，剛才祂們讓我感受到的能量卻截然不同。這股力量充滿尊重，沒有任何強求或期待，帶來一種穩定踏實的感受，彷彿順應著地球的自然律動，像是一種深層的定錨。表面看似「無為而為」，但內在卻蘊藏著龐大的能量，與大自然的韻律相互共鳴。

剛才接收到祂的訊息時，我腦海中浮現了路上遇見的那棵大樹，或者那些隱身於深山中的發光者——他們總是默然存在，低調而不顯。然而，當這股來自地心的靈力透過我的身體時，我確實感受到一股炙熱湧上全身。雖然並沒有腹痛，但內心卻湧現一種對生命的從容與釋然。

·順流而不強求

我們習慣用頭腦去判斷自己：「我夠好嗎？」「我做對了嗎？」「我對這個世界有貢獻嗎？」「我真的走在正確的道路上嗎？」甚至，當我們遇到不愉快的事情時，總會質疑：「這真的是我的錯嗎？」

但也許，有些答案，並不需要頭腦來尋找，而是等待我們靜下心來，讓它自然而然地浮現。

當地心的力量引導著我，讓我如同樹根般深深扎入大地時，對與錯便已不再重要。我們不再執著於分析事情為何發生，也不再糾結於業力或如何應對。

事實上，與高靈多年的相處中，我最大的收穫便是——順流。我學會給自己時間，而高靈從未對我嚴厲，真正苛責我的，反而是我自己。正因如此，我才會吸引來外界的嚴厲對待，這其實與我的內在狀態息息相關。

我看到你們都非常用心，渴望獲得清晰明確的答案。然而，在虛空的世界裡，當我們脫離肉體的束縛，其實就像光、像氣體一般，沒有固定形態，流動變化，自然且柔順。它們如同墨水滴入水中，自然而然地擴散成獨特的圖案，無需刻意控制，也不必強求結果。

高靈提醒大家，給自己一些時間，也給彼此一些空間，讓心變得更寬廣，讓念頭更加純粹。我們不該被瑣事所困，更不需要刻意去強行連結某個靈魂或高靈，把這變成一件困難的事。

充盈自己的底氣

現在，我將頻率轉交給我的CD高靈，讓祂來與大家交流。為了滿足你們的好奇心，我們這次不連結過於遙遠的精神導師，而是連結一位更貼近物質與現實層面的高靈。

⊙ 身心整合

我是CD高靈，我的存在是為了支持Asha在人世間顯化她的能力，幫助她盡可能完整地發揮天賦。

我知道許多人心中都有這個疑問：「我的靈魂來到地球，是為了什麼？」「我該怎麼做才能更好？」「我投入了許多時間學習身心靈，努力療癒自己，為什麼昨天還感覺良好，今天卻又沒力氣了？」

其實，這個答案很簡單——這與你的「底氣」有關。

你的底氣，究竟來自哪裡？來自於丈夫賺錢養家？來自於孩子的成就？來自於功成名就？來自於衣食無憂？還是，你真正找到了那把充實底氣的鑰匙？

當我充盈自己的底氣，我便能散發最純粹、最耀眼的光，而這，與他人無關。

你們問：「我該怎麼做？」「如何增強直覺力？」「怎樣才能變得更加通透？」因為沒有人帶領，你們一定渴望聽到一個明確的指引。你們想知道如何開啟心電感應，願意臣服並接受這項天賦。你們期待有人直接告訴你：該如何完成心電感應，如何踏上靈魂整合的道路？於是，你幻想自己成為一個透明的存在，穿梭於所有時空，化身為宇宙的背包客。你已經準備好了，這就是你內在最強烈的聲音。

「為什麼我還做不到？」

因為你的意念、期待與身體尚未整合。

每個人的道路最終都會通往那個終點，但為何你的心渴望，而身體卻跟不上？

原因很簡單——你被想像和理想束縛了。你以為開悟就是抵達一個超然的狀態，彷彿一切都變得不再重要。然而，真正的開悟並非超然於世，而是在這個世界上，深深扎根，活得更為飽滿。

有一天，你確實會發現，不論快慢，每個靈魂最終都朝向同一個方向。但請問——你是否有好好蓄積自己在地球上創造的底氣？你是否願意成為一個真正活著的生命體，自在地穿梭在人群之中，悠然地徜徉於大自然裡？你能否與樹木對話，使自己既通透又穩健地行走於人世間，無所畏懼？

這份底氣，如何獲得？

抽離出來去覺察

就如剛才地心的能量與我們臍輪連結時，你所感受到的那股力量——我們多麼渴望，這份來自地心的支持能夠日夜圍繞著你，讓你三百六十五天都沐浴在這股能量場中。

然而，若我們沉溺於這種渴望，這便成了神性的貪婪。因為這條道路、這份連結，從來不是單向給予，而是需要你親自去完成、去面對、去善用。這是你的選擇。

諸佛菩薩們擁有著龐大的無私精神，想要將一切灌注給你們，但祂們會尊重你，給予你更多的時間。因此，神性不會催促你，真正會催促你的，是因果業力本身，還有與你連結的靈魂以及你的指導靈，你與祂們創造了一個似乎永遠做不夠或做不對的狀態。這並不是因為祂們要懲罰你，而是因為你還沒有看清因果層中的自己、戲劇人生中的自己，你還沒有抽離出來去覺察。

一切都與底氣有關。有了底氣，就能接納自我；有了底氣，就能判斷是非；有了底氣，就能暢所欲言；有了底氣，就能在每個關鍵時刻，以整體考量，放下自我的糾結，展現最好的自己。因為每個人都穿梭在許多因果層的故事、印記、身體的問題、焦慮，以及集體的大波動中。在這些波動中，我們一隻腳踏在靈性，一隻腳踏在物質，因此會感覺有時很好、有時分裂。

然而，我們確實可以在靈性與物質之間找到平衡，穩穩地站立。

聆聽自己的身體、連接地球

我們的臍輪，我們的下盤力量，可以支持靈性的成長，也能讓我們在世俗間知道如何巧妙應對。底氣夠穩的人，不會過度樂觀，但也不會沉溺於悲觀之中。擁有底氣的人知道，當你可以努力時，就努力；當你可以放寬時，就放寬；當你可以創造時，就抓緊時機。當你意識到某種理念可以直達天際並顯化，你就會在流動中不斷地顯化。

首先，聆聽自己的身體。底氣的第一步，就是聆聽自己的身體。你是否感覺到身體疲億？如果能量耗盡，只需靜心片刻，便可以讓身體能量穩定下來。這樣幫助自己，是完全免費的。

再來是連接地球。即使人類創造出許多荒謬的劇碼，地心的力量始終足以超越人類所製造的問題。因為祂是如此宏大，因為祂們知道如何善用底氣並與宇宙連接，讓底氣穩定。它不會因為我們在地球表面大量製造垃圾而有所動搖，祂更不會讓你產生焦慮感，覺得自己必須做些什麼，否則就對不起大家，或是沒有完成天命而感到抱歉。

所謂的愧疚，或所謂的沒做完、沒做好，都是因為你只看到了自己。這句話很直接，因為你沒有將自己置身於地球的整體中，沒有讓地球整體的地氣、底氣與你深深地連結，而你將自己奉獻出來，以為可以創造生命的閃耀。因為你只是在自己的世界裡，所以你一直在嚴格要求自己，一直在哀嘆，一直在生氣，一直在受傷。

這世界不只有你一個人，只是你看不到、聽不到，也不願心電感應。

當你想心電感應時，人性的貪婪也隨之而來，因為你想獲得救贖。不，我們一直在告訴你們，我們是共同提升的。我們對你沒有期待，我們希望你給自己時間，讓我們之間有更融合、更疏通、更流動、更整體的協調。因為你就是被流推著走，而這個流是在篤定中，而不是在焦慮與匆促中去完成某件事。

神不會命令你，而是你內心那份對自己既想有權威又卑微的分裂感，讓你以為對不起神，以為神不愛你了。

心寬念純

底氣有多重要呢？雖然不是必須，但只有以「心寬念純」所發心的流，能夠創造奇蹟，因為它是輕盈而喜悅的。

我們再次邀請地心的朋友，一同練習連結底氣。希望這股能量能讓你們感受到身體下盤的力量，就如同扎根於地球般的穩固與平安。

當面對危機時，你不會往前走；面對孩子的混亂，你不會隨便對號入座或產生過多期待。你只會用你的底氣，引導他更有底氣。這些都是生命的根本。

有些人可能會問：如果我去通靈，並做了很多善事，是不是就會有很多的福報，積累很多陰德呢？

放下這種想法吧！因為你只看到了自己。所謂福報陰德的積累來自於你內心的純正，這自然會帶來許多正向的力量，那是你應得的，而不是我們賜予給你的。

這就是意識的不同，以及面對自己在地球上所扮演角色的底氣。這份底氣來自於你清楚知道自己需要定錨，並慢慢給自己空間去發展自己。

生命覺醒，頂輪開啟

此刻的頻率來自北極圈的力量。因為我現在人在溫哥華，所以能夠更直接地連接到這股力量。這股力量曾經來過，是非常銳利的，也是生命覺醒或頂輪開啟中極為重要的元素。

⊙通天地，讓生命綻放光芒

我因應每一個靈魂的期待，以及為了回應希望更懂宇宙世界的你們，所以我來到這個空間。

北極圈的力量既堅定又溫柔，但也尖銳。它位於地球北方，最接近縱向的核心之處，它的力量支撐著地球的平衡與穩定。這與人類的心電感應有關。

心電感應並非外求得來，而是每個人與生俱來的能力。心電感應只是暫時被放在一般人不敢觸及的空間裡，因為我們有許多宗教的記憶、通天地而產生禍害的記憶，而有著異於常人的恐懼。

心電感應可以做什麼？許多人以為可以用它來滿足自身需求。我們一直強調，若只是為了滿足自己的任務感，你會經常感到疲憊，因為這並不是一個處於最平衡狀態的頻率，你只是在選擇一個角色來表現自己。

這些話既尖銳又溫柔。因為當你們只看到自己的時候，就會錯頻。當你將心念放在地球、宇宙之大，愛之深、光無限供應之時，心會寬廣，念會純淨。如此，頂輪就會被開啟，這是天經地義的。

頂輪開啟後，謙卑的人會說：「我要讓自己好好學習，走向身心合一，感謝你願意為地球付出。」但如果處於人性的貪婪與恐懼中，它就會變成一種權力。

如何跳脫權力本身？因為權力也是假力量，它會耗損自己內在的光芒。

我們需要做的是通天地、心電感應，然後讓自己的生命綻放光芒。這不是自己想要的過度追求而產生的一種成就感，而是身為人，觸碰到靈魂最深處而釋放出來的力量。修行就是朝著這個方向努力，而這也是讓靈魂結束輪迴的重要方向。

我們如果要突破集體意識的束縛與枷鎖，就不能天馬行空地每天懶洋洋待在家，而是要成為自己生命中的力量主宰，拿起魔法棒，丟掉拐杖，讓拐杖變成魔法棒繼續前行。

有人問我：「為何常常被靈擾，感受到別人的能量，然後情緒失控？」關鍵在於，你位於後腦勺與尾椎的那一塊脊椎，是否既乾淨又放鬆地支撐著頭部與會陰。因為在能量上，所有通靈人的後腦勺都是被開啟的，就像是一個黑盒子。

此刻，你可能不明白，為什麼有些乩童或通靈人，他們講出的訊息充滿恐懼，或帶有威嚴，或告訴你缺少什麼需要補充，或者包含了許多情緒。這些都是因為所有通靈人後腦勺是開啟的，後腦勺裡藏著我們生生世世的故事，有你作為一名通靈人的前世故事，也有你的人生經歷，所有的故事都在其中。

被開啟的人，在初期的兩三年內，情緒會產生很大的共感與共振。其實，這些情緒與自己有關，因為後腦勺會釋放出許多屬於你個人劇本的所謂的外靈。在高靈的世界裡，當我還很小的時候，我其實可以看到亡者。那高靈是怎麼帶領我的呢？

祂一直告訴我，台灣或者峇里島，或其他一些國家，是全世界靈存在最密集的地方。因為我們有這樣的集體意識：有好兄弟，有農曆七月，有鬼門關。因此，我們創造了可以看到「他們」的空間。

的確，在無形世界中有亡者，有很多不同的存在、有鬼神等等。高靈告訴我，我們要慢慢來。「既然你從那樣的環境長大到現在，我們要慢慢地清理你後腦勺那個黑盒子的頻率共振。」我花了七、八年的時間，慢慢地將強烈共振亡者的部分轉化，讓它以不同的狀態成為現在傳訊的我。

・清理後腦勺，讓你更輕安

所以，許多朋友會有靈擾的問題，或精神上的困擾，如憂鬱症、躁鬱症、恐慌症，這些都與後腦勺有絕對的關係。我不會用靈擾來解釋，對於那些在滋生煩惱或感覺敏感、身心受困的狀態下的人，我更想分享的是：如何幫助自己從被打擾的頻率，提升到更輕鬆、更輕安的狀態？當這種開放性存在於你的生命中，你感到自己遇到越來越多的阻礙，如何減緩它呢？我們讓你潛意識中想要找來的鍛鍊，讓它蛻變、成長、釋放。

因此，北極光說：「當我們要開啟你們的頂輪時，最大的保護就是在於你們的後腦勺。」如何為你創造出一個不會對各種頻率開放的狀態？

北極圈帶領地心力量靜心：通天地，連底氣

1. 將你的意念放在頂輪。此時，記得脊椎要直直地放鬆，支撐著你的會陰，再逐漸支撐到你的脖子，來到頸椎的後方，支撐整個背部。然後，慢慢地，讓你的意念輕鬆地停留在頂輪。

脊椎的力量，也能讓許多敏感體質的人在感受集體意識時，不會承受過多的負擔。北極光就是用來清理你們的頂輪；接著是脊椎，讓你們在地球上更為通透，更具心電感應，同時不被干擾。

2. 請繼續保持專注，你們的心專注而心無旁騖，將幫助這個神聖的療癒空間變得更加龐大、穩固而緊密。

3.將意念繼續放在頂輪，輕巧地將雙手放在膝蓋上，手掌向下。

手掌向下與手掌向上放在膝蓋上有什麼不同呢？手掌向下象徵著力量的內收，將力量收攝進入體內；而手掌朝上則意味著身心向宇宙敞開。因此，一個是內收，追求更深入、更療癒地自我幫助；另一個則是開放性地與宇宙連結，遨遊其中。

4.將意念聚焦在你的頂輪，直接進入核心。在你的頂輪裡面，你感覺有一條銀色的線，往宇宙非常遙遠的地方筆直地向上延伸。然後，這條銀線逐漸從頂輪開始向下延伸。你可以想像這是一條非常粗壯的銀線，它能夠支持你的生命能量，可以淨化你所有沾染的不適。

5.將這條銀線穿過你的中空部位，讓它往下延伸，放輕鬆。如果無法冥想到銀線，就交給我們為你創造。只需將自己的身心放鬆，讓這條銀線慢慢穩住你的會陰，穿過你的海底輪的部位，然後穩穩地坐落在地球，延伸到地球的中心點——地心。

6.去穩穩地感覺你的下盤產生了底氣，你的頭頂進入宇宙，然後這銀線逐漸釋放出銀色的光芒，在你的身體中央逐漸愈變愈開闊、愈粗，慢慢地將你的身體氣場包覆著。

7.左手掌心放在後腦勺，試著默念：

「我臣服在靈魂的意願裡。地心與北極的力量，聽到我的意願了嗎？靈魂正跳躍舞蹈，歡慶著此時此刻，因為我感受到宇宙深深的擁抱與眷顧。地球穩穩地接住我，我感到很幸福和平安。讓地心北極的力量灌滿全身吧！」

你可以做到的，你可以創造出極大的力量。你的力量會一個一個被喚醒，你會知道自己為何而來、為何在這裡，以及要走向哪個方向。

・釋放愧疚感

每個人內在對地球都有一份很深的愧疚，因此你們再度選擇來到地球。這種愧疚就是：你們的後腦勺，不斷地找考驗來讓你們熬。但隨著地球的整體提升，許多神性力量不斷告訴人們內在的神性，告訴你們釋放愧疚，告訴你們身為人要長出榮耀感。

我是Asha的靈魂，我的母親現在在湄洲與媽祖連結，所以我們邀請了媽祖，這位與大地之母同頻率的力量，來幫助我們釋放後腦勺的各種愧疚感，如：覺得自己做不夠的愧疚、各種愧對、各種壓縮的愧疚。

身為Asha的靈魂，我最大的喜樂就是為大家找來各地的資源，因為我想成為地球能量的背包客。我希望在我的一生中，可以遊歷並收集到許多有趣的力量，然後分享給大家。

能量是誠實的，當你的內心被種下某些光明的種子時，它就會朝那個方向生長。但不要被自己的頭腦欺騙，要活出最真誠的自己，心寬念純。

將左手掌放在後腦勺上，然後我將這個訊息場轉給媽祖（又稱為母娘。母娘懷有深切的悲心，懂得照顧許多孩子。她知道，通過你們的左手掌心，可以幫助你們釋放潛意識中許多「沒有做好」的愧疚），我會用轉譯的方式表達。今天到來的許多嘉賓其實都是我未曾預料的。

我是母娘。流淚是因為你覺得自己不夠好；生氣是因為你氣得跺腳，為什麼我和前世一樣，沒長進、沒進步，還是迷失了自我？這份愧疚感在每個人的潛意識裡，發生了許多故事。你真的沒有錢嗎？或許當老天將所有資源拿走的同時，卻給了你最珍貴的；這份最珍貴的，是需要智慧才能品嚐的，不是金銀珠寶握在手中就能理解的真正豐盛。

所謂的豐盛，就是不匱乏、不愧對，不是像一個生命的奴隸，要做很多才能完整。我們永遠在付出與接受中保持平衡與健康。

當你們左手放在後腦勺的時候，是否能感受到心中有一股悲傷、一股對生命的愧疚、無奈、茫然與沒有歸屬感？今天就是要將這個所謂的黑盒子重整、整合、修補，不讓它破洞，以避免招致許多的是非紛爭與痛苦。這也是幫助自己重要的一環。敏感體質的朋友，如果能好好照顧後腦勺，就不會有干擾的問題。

將意念放在後腦勺，母娘會撫慰你們，將這裡收攝、重整、修補好，愧疚感會轉化為助人的心願。

愧疚感會讓身體背負過多負擔，所以釋放後，你將體驗到身體如何回春。這比醫美更厲害，你隨時都可以將左手掌心放在後腦勺上，在安靜或靜躺的時候，告訴自己：

「請為我修補這一部分，讓它不再波動，充滿能量。」

修補這裡的人，將逐漸改善你害怕人心、社恐的狀態，因為你沒有愧對任何人，何來害怕別人會傷害你？

將意念放在後腦勺上，交給母娘來為你縫補吧！

跟著我默念以下咒語：

Da Ku- Su Du- Ki.
Da Ku- Su Du- Ki.
Mae Nae- Ka Ku- Su.
Ha Ku- E Ke- Ha.
Bo Bo-Su Zu- E Ke- Hag.
Pa Pa- Ku Du- He Ku He Do

現在，讓剛才的銀色線在你們的身體中軸上運行。你會感覺到，許多銀色的光釋放你後腦勺的愧疚感。你們是平安的，地球不需要你們說抱歉，地球與你們之間是共同提升、共同支持的。沒有抱歉、沒有愧對、沒有不足這回事。

有時候，愧疚感也會產生暴力，因為當你的自尊被踩到最底時，你就會想要產生巨大的憤怒。

釋放這份愧疚感。北極光的力量祝福你們，可以擁有更清明的雙眼，更清明的意識，具有敏銳的感應，同時又堅定又溫潤。

與大地重新和解

我是來自地心、剛才協助你們臍輪充滿底氣的存有。當你感到心有餘而力不足，無論怎麼努力都面臨分裂與挫敗，甚至覺得裡外不是人，每一份善意都被曲解成惡意時，你需要療癒的不只是潛意識中的愧疚感，還包括與地球的扎根連結。你需要與大地重新和解，建立穩固的聯繫。

．學習陰陽平衡

首先，修行的人若懷抱著深深的愧疚感，或極端地想要拯救世界，都容易陷入分裂與挫敗的狀態。因此，你需要學習更貼近「慈悲生命」，並將你的陽性能量轉化為真正的力量，同時讓你的陰性能量慢慢融入人格之中，化解那種「想要救人」的執念。

當你帶著愧疚感去拯救別人，往往容易被誤解，而這正是你的學習過程。不過，這是件好事，因為在過去世，你已經累積了許多經驗，而這一世則是讓你更進一步學習陰陽平衡，使自己的肉身能夠在地球上安住，並獲得踏實與心安理得的力量。

練習「三六九」療癒

1. 前三個月，清理潛意識中的罪惡感，釋放臍輪的能量，使自己更接地、更穩定。
2. 三到六個月，進行深層的懺悔與釋放。你可以對自己說：

「我對我所有不夠圓滿、智慧不足的部分，深深道歉。」

這樣的道歉不僅能幫助你心靈平衡，也會對你身體健康產生正面影響，特別是在婦科方面。

許多的斷裂其實來自我們的主觀認知，不是你不好，而是每個人在學習力量的過程中，都可能經歷斷裂或瓦解。但你可以透過內在的自省，重新拾起慈悲的力量。

3. 在六到九個月之間，開始像剛才北極光所指引的「銀線通天地」的自我練習，讓自己的能量中軸穩固，銀線穿過身體，擴展並清理脊椎，協助你更好地扎根。

這就是地心存有想要傳達給你的「三六九」的意思。

〈終曲〉最終我們都會被接住

這個課程的最後，我以一個與媽祖有關的音樂故事作結。

大家是否好奇，課程中為什麼會選擇高雄鼓道場的音樂呢？其實，這首曲子的選擇是有意義的，因為媽祖與海洋有著深厚的連結，大家都知道她的本名是林默娘。而這首《天海》，正是由主唱 Nora 和負責手碟及其他樂器的阿翔所演奏的作品。

我在馬來西亞時就很喜歡他們。他們的氣質就像那種隱居在荒野或花東地區的藝術家，帶著一種純粹而質樸的能量。他們總是帶著鼓，個性低調內斂，不擅長社交，與一般音樂人截然不同，卻擁有獨特的靈魂。

記得初見他們時，我對他們的音樂一無所知，只覺得這兩個人像山頂洞人。甚至有一次，我遠遠地望著主唱，還誤以為她是男生。

第一天晚上，為了調整時差，我跑到活動現場，與主辦方坐在一起。那時，她講了一個故事，深深觸動了我。

這首《天海》是如何誕生的呢？

她說，那時有一場大颱風來襲，他們正身處花東，必須趕緊離開海邊，於是與朋友騎著摩托車匆忙返程。去過花東的人都知道，那條沿著海岸線蜿蜒的公路，在風雨交加的夜晚格外險峻。當時，她心中充滿恐懼，因為朋友加速騎行，風勢強勁，彷彿整個世界都在顫抖。但就在那一刻，她忽然回頭，看見天空與海洋的顏色竟然渾然一體，無法分割。她說，那瞬間，她感覺自己不再需要害怕，彷彿媽祖就在身旁，而她整個人已融入天與海之中，一切恐懼都被天海接住了。

聽到這個故事，我內心深受觸動。很多時候，當我們遇到困境，雖然知道高靈始終與我們同在，但仍會感到無助，彷彿叫天天不應、叫地地不靈。然而，正如《天海》所帶來的感受——無論風雨多麼洶湧，最終我們都會被接住。

母娘說：「生命沒有完美，但生命的出現必有他的意義。」因此，我選擇這首曲子，希望這份天與海交融的感動，也能在你們的生命中流動，陪伴你們度過每一段低潮。請記住，無論發生什麼，我們始終被愛與光承載著。

豐盛之流

連結宇宙意識，開啟豐饒之門

作　　者　Asha
責任編輯　徐藍萍

版　　權　吳亭儀、江欣瑜
行銷業務　周佑潔、林詩富、吳淑華、吳藝佳
總 編 輯　徐藍萍
總 經 理　賈俊國
事業群總經理　黃淑貞
發 行 人　何飛鵬
法律顧問　元禾法律事務所　王子文律師
出　　版　商周出版　115 台北市南港區昆陽街 16 號 4 樓
電話：(02) 25007008　傳真：(02)25007579
E-mail：ct-bwp@cite.com.tw　Blog：http://bwp25007008.pixnet.net/blog
發　　行　英屬蓋曼群島商家庭傳媒股份有限公司城邦分公司
115 台北市南港區昆陽街 16 號 8 樓
書虫客服服務專線：02-25007718　02-25007719
24 小時傳真服務：02-25001990　02-25001991
服務時間：週一至週五 9:30-12:00　13:30-17:00
劃撥帳號：19863813　戶名：書虫股份有限公司
讀者服務信箱 E-mail：service@readingclub.com.tw
香港發行所　城邦（香港）出版集團有限公司
香港九龍土瓜灣土瓜灣道 86 號順聯工業大廈 6 樓 A 室
E-mail: hkcite@biznetvigator.com　電話：(852)25086231　傳真：(852)25789337
馬新發行所　城邦（馬新）出版集團 Cite (M) Sdn Bhd
41, Jalan Radin Anum, Bandar Baru Sri Petaling, 57000 Kuala Lumpur, Malaysia.
Tel: (603) 90563833　Fax: (603) 90576622　Email: services@cite.my

封面設計　張燕儀
印　　刷　卡樂彩色製版印刷有限公司
總 經 銷　聯合發行股份有限公司　新北市 231 新店區寶橋路 235 巷 6 弄 6 號 2 樓
電話：(02) 2917-8022　傳真：(02) 2911-0053

■2025 年 8 月 28 日初版
■2025 年 11 月 3 日初版 5 刷

Printed in Taiwan

定價 380 元

城邦讀書花園
www.cite.com.tw

線上回函卡

ISBN 978-626-390-641-9

國家圖書館出版品預行編目 (CIP) 資料

豐盛之流：連結宇宙意識，開啟豐饒之門 / 大
Asha 著 . -- 初版 . -- 臺北市：商周出版：英屬
蓋曼群島商家庭傳媒股份有限公司城邦分公司
發行 , 2025.9
面；　公分
ISBN 978-626-390-641-9(平裝)

1.CST: 靈修

192.1　　114011083